मेरी प्रतिनिधि कविताएँ

वाणी प्रकाशन

नयी दिल्ली-110002
फोन : 3273167, 3275710 • फैक्स : 3275710

e-mail : vani_prakashan@yahoo.com

vani_prakashan@mantraonline.com

मेरी प्रतिनिधि कविताएँ

जसबीर सिंह आहलूवालिया

ISBN 81-7055-971-5

वाणी प्रकाशन
21-ए, दरियागंज, नयी दिल्ली-110002
द्वारा प्रकाशित

प्रथम संस्करण : 2002

मूल्य : 200.00

नागरी प्रिंटर्स, दिल्ली-110032
में मुद्रित

MERI PRTINIDHI KAVITAYEN (Poetry)
by Jasbir Singh Ahluwalia

दो शब्द

जसबीर सिंह आहलूवालिया पंजाबी काव्य के पंजदरिया वाले बहाव में वीरसिंह-मोहनसिंह के रोमान्तिक-प्रगतिशील मोड़ के बाद आधुनिकता-प्रयोगशीलता के संयोजक अग्रणी संस्थापक-कवि हैं। अब बहुलीय हिंदी-संप्रजाति वाले विशाल क्षेत्र के बीच वे पहली बार अपने काव्यलोक का विमोचन कर रहे हैं। किसी भी देश की आंचलिक संस्कृति के साहित्येतिहास में ऐसा 'मोरेस' (mores) एक त्रिभुवन क्षण माना जाता है। हम उनके शुभागमन का खूब स्वागत करते हैं।

जसबीर सिंह आहलूवालिया स्वभाव से एक प्रखर बौद्धिक कवि हैं, कुँवर नारायण और अशोक वाजपेयी की तरह। वे नये सामाजिक संदर्भों को लोकचित्त की भूमि पर ग्रहण करते हैं, सीताकान्त महापात्र और कुमार विकल की तरह। वे मिथितिहास, आर्केटाइप तथा लेजेण्ड के चक्रचिह्नों का भी भरपूर इस्तेमाल करते हैं, अमृता प्रीतम, हरिभजन सिंह तथा बलदेव वंशी की तरह। इस तरह भी वे सर्व-भारतीय साहित्यिक महायात्रा के स्वतः तथा स्वाभाविक हस्ताक्षर रहे हैं। उनकी भारतीय अस्मिता (आइडेंटिटी) भी यहीं है। बस, अब वे सामूहिक मंच पर आ विराजे हैं। उनकी 'ऐस्थेटिक्स' के सौंदर्यसूत्र भी यहीं से खुलते-खिलते हैं।

जसबीर सिंह आहलूवालिया की कविता के 'गहन पाठों' में पंजाबी भाषा-संस्कृति के अल्हड़ और बेपरवाह सतरंग भी हैं। उनमें जहाँ ऐसा रसीलापन है, वह देशज, तद्भव तथा उपबोलियों के शब्दों तथा विलक्षण मुहावरों में चू पड़ता है। उनमें सिख-संप्रजाति की उदार, मानवतावादी तथा समूह-दार्शनिक ऊँचाइयाँ और आध्यात्मिक सांकेतिकताएँ हैं। उनमें मार्क्सवाद की 'मेकेनिकी' समझ से अलगाव है तो मध्यवर्गीय शहरीपन एवं नितांत वैयक्तिकता से जुड़ाव भी है।

उनके अनूठे-चुनिन्दा 'मिथक' तथा 'प्रतीक' समूह विशाल भारतीय महाकाव्येतिहासों से लेकर चुने गए हैं। उनके 'बिंब' और 'संकेत' सामाजिक संदर्भों तथा आंचलिक लोकयान से निवाज़े गए हैं। इस वजह से भी अधिकांश कविताओं के बहुल एवं विविधरूपी संदर्भ हो गए हैं। इसी में उनकी प्रयोगशीलता की बंधान तथा उठान है। यहीं उनकी आधुनिकता भी 'स्प्रिट' के आध्यात्मिक दर्शन से आगे बढ़कर

'अस्तित्व' की गाँठों में भी जा उलझती है। इसका असल सबूत है : सत्य एवं स्प्रिट एवं अस्तित्व के त्रिकोण में उनकी तीसरी आँख की झाँक ! इसका अगला सबूत है उनकी रचना में चुंबकीय ध्रुवों की तरह परस्पर पंजा लड़ाते कई 'बाइनरी अपोजीशन' : परंपरा से विद्रोह/मर्यादा पालन, मार्क्सवाद से अपसरण/सिखी-दर्शन का लोकावरण, राम/रावण, उर्वशी/अहल्या, यथार्थ/आदर्श, पदार्थ/अध्यात्म, काव्य साधना/आध्यात्मिक सत्य; इत्यादि। कवि 'शब्द' (शबद) के परालौकिक रूप को छूने के लिए नचिकेता अथवा इकेरस की तरह ऊँचे...ऊँचे...और ऊँचे भावलोकों में उड़ान भरता है। अतः वह अनेक मोड़ों तथा पड़ावों की वजह से 'ऐकल कविता' के भी 'अनेक पाठ' तैयार करने को मजबूर-सा है।

जसबीर सिंह आहलूवालिया की प्रतिनिधि कविताओं के इस एलबम के कुछ 'पाठ टेक' ये हैं—'कैसा भाणा वरत गया', 'काइया कपडु टुकु टुकु होसी', 'आँखों देखा उर्वशी ने', 'प्रश्न मेरे, ये प्रश्न तेरे', 'अब मेनका की जरूरत नहीं', 'या मैं रंचन मिथ्या भाखी', 'तैकी दर्द न आया', 'उल्लू का पट्ठा', 'कागज़ का रावण', 'ज़िन्दगी के सौंदर्य की चेतना बाकी न रहे', 'आम जैसे लोग'।

रमेश कुंतल मेघ

झील के ठहरे पानी में पत्थर फेंक दिखाएँगे

कविता की राह से गुजरते हुए

अपनी साहित्यिक यात्रा के प्रारंभिक पड़ाव में मैंने एक कविता 'सच की बेला' लिखी थी। जिसका केंद्रीय स्वर था : झील के ठहरे पानी में एक पत्थर फेंक कर दिखाएँगे। मुझे इस बात का अहसास रहा है कि जब कोई भी, किसी की जगह, किसी भी समय ठहराव में, जड़वत् स्थिति में, रूढ़िवाद में, पैतृक रवायत में प्रचलित परंपराओं और धारणाओं में गतिशीलता की ओर उन्मुख होता या गति लोचता है, नवीनता के लिए यत्नशील रहता है, नए प्रतिमान पाना चाहता है, नई तख्ती-लेखन के प्रति सचेत रहता है, तभी उसे लक्ष्मण-रेखा का स्वयं उल्लंघन करने के लिए रावण का ही नहीं मर्यादा पुरुषोत्तम राम का भी सामना करना पड़ता है :

'हमें बीच मैदान लाया गया
मुँह काला कर ठहराया गया
झील के गहरे पानी से निकाल कर
फिर बारी-बारी लोगों से
पत्थरों की वर्षा करवाई गई
हम अक्षर वफ़ा का पढ़ते रहे।'

काव्य-क्षेत्र में प्रयोगशीलता-आधुनिकता द्वारा नई पीढ़ी के प्रवेश के, सहृदयता से, स्वागत हेतु जब प्रो. मोहन सिंह ने 'पाँच दरिया' मुझे सौंपा तो उनका नए हाथों में आने से पहले इस पत्रिका का अपना आखिरी सम्पादकीय था : 'दरियाओं के मोड़' साथ ही उन्होंने मुझे कहा : बहाव में नए-नए मोड़ों का आगमन ही दरिया है। प्रत्येक मोड़ और नए अवरोधों से जूझते हुए पानी का आगे बढ़ना गतिशील या विकासमान होना ही दरिया का स्वभाव है।

जब मैं अपनी कलम की (कविता, साहित्यिक आलोचना, चिंतन क्षेत्रों में) यात्रा

पर दृष्टि डालता हूँ तो महसूस होता है कि बचपन में अवचेतन में घर कर चुकी झील के ठहरे पानी में पत्थर फेंक गिराने की मनोवृत्ति ही मेरी प्रेरणा-स्रोत चली आ रही है। मुझे स्मरण है कि गुरु हरसहाये परिवार संग राम-लीला देखने जब मंच से चंदा माँगने की अपील हो रही थी तो दर्शक दस रुपए से लेकर सौ रुपए तक दान दे रहे थे। पता नहीं मुझे क्या सूझी, मैंने स्टेज (मंच) पर जाकर मंच-संचालक को एक पैसा पकड़ाकर अपना नाम बतलाया। मंच-संचालक ने एकदम एलान कर दिया 'ठेकेदार करतार सिंह का लड़का एक पैसा भेंट करता है। हम अन्तर्मन से आभारी हैं।' इस घोषणा से मैं सिहर गया कि अब घर पहुँच कर कुशल नहीं। जितने दिन राम-लीला चलती रही मेरे एक पैसे की बात की सारे गुरु हरसहाये में, मखौलिया (मसखरे, हँसी रूप में) अंदाज में, जिक्र होता रहा (संदर्भ प्रसंग बना रहा)। हर रात अन्य लड़के भी एक-एक पैसा दान करने लगे तो मंच-संचालक मजाकिया शब्दों में मेरा नाम भी साथ-साथ लेता रहा (अब तक भी मैं हर साल कम से कम एक रात भीड़ में बैठकर राम-लीला जरूर देखता हूँ और व्यतीत पलों को नए सिरे से जीता हूँ। अनेक बार फिर एक पैसा भेंट करने का साहस जुटा मंच (स्टेज) तक पहुँचता हूँ पर लौट आता हूँ कि अब इसके गलत अर्थ ले लिए जाएँगे। इसे एक सिक्ख द्वारा राम-लीला का अपमान भी समझा जा सकता है।)

बचपन में गुरुमुखी लिपि मुझे मेरी माता स्वर्गवासी सरदारनी भगवंत कौर और मेरी बहन स्वर्गवासी अमरजीत कौर ने सिखाई। गुरुवाणी का पाठ करने की रुचि मेरे अंदर मेरे पिता स्वर्गवासी सरदार करतार सिंह ने पैदा की। उनके द्वारा ही पंजाबी साहित्य से मेरी प्रारंभिक जान पहचान हुई, क्योंकि वे भाई वीर सिंह और गुरबख्श सिंह प्रीतलड़ी की रचनाओं से बहुत प्रभावित थे। भाई वीर सिंह की रचनाओं के प्रभाव स्वरूप मेरी परम्परा के प्रति रुचि बढ़ी और गुरबख्श सिंह प्रीतलड़ी की रचनाओं (लेखन) के प्रभाव से परम्परा से जुड़कर भी इसके बंधन से मुक्त रहने की वृत्ति पैदा होती गई। गुरु हरसहाये के गुरुद्वारे में (जिसे बघ्घा मथरा की धर्मशाला कहते थे) मैंने हारमोनियम पर शब्द-गायन का यत्न किया। गायन का स्वै-विश्वास तो पैदा न हो सका पर सुरताल के बारे में जरूर कुछ अनुभव हो गया। जब रिवायत से हटकर नए काव्यात्मक लय अचेत तौर पर ही पैदा हो जाती थी।

लुधियाना खालसा नेशनल स्कूल से दसवीं पास करके, ज्ञानी हरभगत सिंह की सिक्खी के प्रति प्रतिबद्धता और शख्सियत का प्रभाव ग्रहण करते लड़कों के सरकारी कालेज में एम.ए. (अंग्रेजी) की पढ़ाई (प्रथम श्रेणी में, पंजाब विश्वविद्यालय में द्वितीय स्थान प्राप्त कर) पूरी की। यहाँ ही डॉ. शेर सिंह और प्रो. प्यार सिंह से पंजाबी सीखी। एम.ए. की पढ़ाई करते ही कम्युनिस्टों की विद्यार्थी जत्थेबंदी, स्टूडेंट्स (विद्यार्थी) फैडरेशन से संबंध जुड़ा। उन दिनों में एस.एफ. का सदस्य होना बौद्धिकता का चिह्न समझा जाता था और कम्युनिस्ट लायक अथवा अमीर विद्यार्थियों को अपने कलावे में

लेने की विशेष जुगत रखते थे। लुधियाना हमारे मिल्लरगंज वाले घर में सवेरे मदन लाल दीदी का पहुँच जाना और कहना 'कामरेड तू अभी तक तैयार नहीं हुआ, बाहर दरवाजे पर इन्कलाब दस्तक दे रहा है।' मैं फौरन तैयार होकर घर वालों से नजर बचाकर 'दीदी' के साथ हो चलता। मुझे लगता यदि मैं न गया तो लेनिन की 'रूह' को क्या जबाव दूँगा। एक दिन कामरेड केवल पार्टी फण्ड के लिए मुझसे पैसे ले गया, शाम को उसने नए बूट खरीद लिए। मुझे शक हुआ, मदन लाल दीदी जो सारी बात समझ गया था, बोला : कामरेड केवल इन्कलाबी राह पर हमसफर है, यह बूट केवल मैंने नहीं ही पहने, पार्टी ने पहने हैं। तू अभी बुर्जुवा प्रभाव से आजाद नहीं हुआ। मुझे अपने बुर्जुवा स्वभाव पर लज्जा हुई और साथ ही गौरव (गर्व) भी कि पार्टी के पैरों में पहने बूट मेरे पैसों के हैं। प्रसिद्ध सिक्ख विद्वान् सरदार कपूर सिंह कहा करते थे कि गुरबख्श सिंह प्रीतलड़ी ने सिक्खों की एक नौजवान पीढ़ी को गुमराह किया है और प्रो. संत सिंह सेखों ने सिक्खों की एक नौजवान पीढ़ी को गुमराह किया है और प्रो. संत सिंह सेखों ने सिक्खों की दो युवा पीढ़ियों को कुराहे (कुमार्ग) डाला है। मैं इस 'कुराहे' होने को भी दरिया की रवानी में एक मोड़ समझता हूँ, जिससे मैंने बहुत कुछ ग्रहण किया है—मार्क्सीय चिंतन, मार्क्सीय विचारधारा, मार्क्सीय विचार-विधि। इसके बिना शायद मैं पश्चिम दर्शन को संदर्भात्मक रूप में समझ न सकता, और पश्चिम दर्शन को समझे बिना मुझे भारतीय चिंतन का विकास और सिक्ख फलसफे की मौलिकता तथा विलक्षणता समझ नहीं होनी थी। इससे भी बढ़ धुर अवचेतन में 'झील के ठहरे पानी में पत्थर फेंक दिखाने' की अचेत मनोभावना को भी मार्क्सीय चिंतन ने नाम-रूप देने में सहायता की।

युवावस्था में सरदार कपूर सिंह के शब्दों में 'कुराहें' होने का मुझे निजी जीवन में नुकसान भी हुआ है। एम.ए. करने के बाद जब मेरे दोस्त आई.ए.एस. की परीक्षा की तैयारी कर रहे थे तो मैं श्रेणिक सांझ सिद्ध करने के लिए परल हौजरी मिल्ज (लुधियाना) के सामने मजदूरों की हड़ताल में जा बैठा। एक थानेदार ने मुझे पहचान लिया, एक थप्पड़ मारा और मुझे कान से पकड़कर घर छोड़ गया। यदि एक थप्पड़ मेरे पिता जी भी मार देते तो मैंने आई.ए.एस. में आ जाना था। पर क्योंकि एक थप्पड़ ही लगा, मैं पी.सी.एस. में ही पहुँच सका और कई वर्षों के इन्तजार के बाद तरक्की द्वारा आई.ए.एस. में आया।

पाश्चात्य कविता और साहित्यिक आलोचना का अच्छा ज्ञान होने के कारण मुझे उस समय की रोमांटिक-प्रगतिवादी कविता के रूढ़िवाद को अपनी कविता और आलोचना में चुनौती देने का तार्किक संदर्भ प्राप्त हुआ। इस प्रकार प्रयोगशीलता और आधुनिकता की लहरों से पंजाबी साहित्य के इतिहास में एक नया दौर प्रारंभ हुआ। रोमांटिक-प्रगतिवादी कविता का—अमृता, मोहन सिंह धारा के रूप में नामकरण : मध्यवर्गीय व्यक्तिवाद के समय की क्रांतिकारी शक्तियों की आपसी सन्धि और इस

सन्धि के आधार पर रोमांटिक प्रगतिवादी काव्य का उत्थान, इस सन्धि का विघटन : नयी नागरिक उद्योगवादी सभ्यता की युग चेतना की बिम्बावली के प्रवेश की आवश्यकता, साहित्यिक रचना की एक संरचना के रूप में स्वै-तन्त्र समकालीन अनुभव के प्रगटाव के लिए नए सामाजिक संदर्भ के साथ-साथ मिथिहास से लिए प्रतीकों का प्रयोग—मेरी ऐसी समस्त धाराओं ने अतिशीघ्र पंजाबी साहित्य में अपनी पृथक् पहचान बना ली। नए कवियों का एक काफ़िला चल पड़ा जिसके पीछे जाने माने कवि भी चल पड़े। प्रो. संत सिंह सेखों लिखते हैं—'जसबीर सिंह आहलूवालिया के इस जुलूस में तो कभी-कभी और कुछ समय के लिए मोहन सिंह, अमृता प्रीतम और हरिभजन सिंह सरीखे ख्यातिलब्ध कवि भी सम्मिलित हो जाते हैं, शायद इस भय से कि यह जुलूस ही ना अपने साथ सारी जनता को ले चले' उस समय मैंने अपनी कविता 'सच की बेला' में लिखा था :

'मुझे देख बहुत हैरानी हुई।
मेरा नारा चढ़ परवान गया
सच खण्ड भी सम्मान लिया।'

साल 1984 के बाद की अलग-अलग कवियों द्वारा लिखी समूची पंजाबी कविता में मुझे एक अन्य नया मोड़ आया प्रतीत हुआ जिसे मैंने सम्प्रदाय-प्रथाई सामाजिक चेतना का प्रगटाव कहा है (सम्प्रजातीय सम्प्रदाय और जाति के संयोग से ethno-religious ethno-social, ethno-political community) (जिस तरह का सिक्ख भाईचारा है) के लिए मैंने सम्प्रजाति का नया शब्द रचा है।

प्रगतिवादी आलोचना का विश्लेषण करते हुए मैंने मार्क्सीय चिन्तन का गहन ज्ञान प्राप्त किया, समूचे पश्चिम चिंतन के प्रसंग में। इस अध्ययन का सुखद परिणाम थी मेरी पुस्तक Marxism and Contemporary Reality. इसमें मैंने परम्परावादी मार्क्सवाद में रम रहे मकैनिकीवाद को सामने लाया और स्पष्ट किया कि परंपरावादी मार्क्सवाद के काल के स्थान के बारे में निर्णय न्यूनवादी अर्थात् मकैनिकी पदार्थवादी संकल्प ही है जिसके कारण परम्परावादी मार्क्सवाद पूरे तौर पर Dialectical Historicism का फलसफा नहीं बन सका। ऐसे विकास के बर्गसां (Bergson) के काल और स्थान के नजरिए को अपनाने की आवश्यकता है। मार्क्सवाद विकास का चिंतन होता हुआ भी जड़वत् होकर रह गया है। अपनी उपरोक्त पुस्तक में मैंने इस बात पर बल दिया। उन दिनों में ही मैंने पंजाबी की प्रगतिवादी मार्क्सवादी आलोचना का विश्लेषण करके यह सिद्ध करने का यत्न किया कि इस आलोचना के पृथक्-पृथक् विचार तंतु अंत में मकैनिकी रंग में रंगे मार्क्सवाद के साथ ही ओतप्रोत हैं।

साल 1973 में जब मुझे पहली बार विदेश अर्थात् मास्को में अन्तर्राष्ट्रीय लेखक कान्फ्रेंस में भारत का प्रतिनिधित्व करने का सौभाग्य प्राप्त हुआ तो पश्चिम से आए लेखकों ने मेरे स्वरूप को देखकर मुझसे सिक्खमत के विषय में पूछा। मैं सतही

धरातल के उत्तर ही दे पाया, भले ही पंजाबी विश्वविद्यालय, पटियाला में 1968-69 में जब मैं योजना और विकास विभाग का निदेशक था, सिक्ख चिन्तन का अध्ययन शुरू कर दिया था। पर सोवियत यूनियन से वापसी पर ही मेरा सिक्ख फलसफे की गहराई की ओर रुझान हुआ। अतः मैं बारास्ता मास्को अमृतसर पहुँचा। गुरु नानक देव जी के इस महावाक्य 'खोजी उपजै वादी विनसै' (The spirit of enquiry regenerates, dogma degenerates) ने फिर मेरे अन्दर झील के ठहरे पानी में एक पत्थर फेंक दिखाने की मनोवृत्ति को उत्तेजित किया। जैसे-जैसे मैं पुराने और नए सिक्ख और गैर-सिक्ख विद्वानों की सिक्खमत संबंधी रचना लेखन पढ़ता गया, वैसे-वैसे मुझे एहसास होता गया कि आधुनिक सिक्ख अध्ययन नाम की कोई चीज अभी तक विकसित हुई ही नहीं। कोई ऐसा सिक्ख विचार प्रबंध अस्तित्व में नहीं आया जो विस्तृत होता हुआ स्वै संगठित हो, जिसका विचार तन्त्र ताने-बाने की तरह सुव्यवस्थित अस्तित्व, एक सार हो, जिसमें आधुनिक परिभाषा में सिक्ख पराभौतिक चिंतन (Sikh Meta physics) सिक्ख आध्यात्मिकता (Sikh Spiritualism) सिक्ख नैतिक विधान (Sikh Ethics) सिक्ख सामाजिक शास्त्र (Sikh Sociology) सिक्ख राजनीति शास्त्र (Sikh Polity) एक पैटर्न में सुव्यवस्थित हो और जो पैटर्न एक संगठित बिम्ब दृष्टिमान कर सके और जो विलक्षण सिक्ख पहचान का विचारधारक का एक आधार बन सके। इस दिशा की ओर यत्न करने के लिए सबसे पहले मैंने सिक्ख मत की पुरानी और नयी व्याख्या प्रणालियों का विश्लेषण किया और स्पष्ट किया कि समूचे तौर पर यह सारी व्याख्याएँ अंत में वेदांत के एक या दूसरे स्वरूप में ही जड़ें रखती हैं। अनेक बार तो एक ही विद्वान की व्याख्या वेदांत के कई रूपों की परस्पर विरोधी धारणाओं का मिश्रण नजर आता है। इसका बड़ा कारण हमारे परंपरागत सिक्ख विद्वानों के मन पर वेदांतक संकल्पों और परिभाषा की जकड़ है। सामान्य रूप में वेदांत की यथार्थ के विषय में यह धारणा है कि जो सदा स्थिर है वह सत्य है, जो सत्य है वह सदा स्थिर है यानि जो अस्थिर है वह असत्य है और जो असत्य है वह अस्थिर है। इस आदि विचार के काल का स्थानगत नजरिया विचर रहा है जो काल को स्थान की तरह ही अनादि, अनन्त दिशाहीन, अक्रियाशील स्वीकार करता है। दूसरी तरफ गुरुवाणी ने सत्य और सदा अस्थिरता का समीकरण स्वीकार नहीं किया। यह नया संकल्प काल के गैर वेदांतक इतिहासवादी दृष्टिकोण पर आधारित है जिसे समझे बिना सिक्ख चिंतन की गहराई, इसकी नवीनता, इसकी विलक्षणता को ग्रहण नहीं किया जा सकता। अपनी पुस्तक The Sovereignty of Sikh Doctrine में मैंने ऐसा यत्न किया है और दर्शाया है कि सिक्खमत का मूल संकल्प वेदांतक नहीं बल्कि स्प्रिट (Spirit) है। यह इलाही अकाल जोत, यह स्प्रिट गुरु माध्यम से काल अर्थात् इतिहास में प्रवेश करती है और अंत में इस परम जोत का परालौकिक रूप शबद (शब्द) में मूर्तिमान होता है; आदि ग्रन्थ 'श्री गुरु ग्रन्थ साहिब'

का रुतबा प्राप्त करता है और इस जोत का लौकिक पहलू जन साधारण में रूपान्तरित होता है। इस तरह पंथ से गुरु-पंथ, खालसा पंथ का दर्जा प्राप्त करता है। 19वीं सदी में हीगल ने यह विचार प्रस्तुत किया था कि स्प्रिट का अंतिम और सर्वोत्तम स्वरूप राष्ट्र के रूप में मूर्तिमान होता है और यहाँ राष्ट्र का अर्थ प्यूशियन स्टेट ही था। इस सन्दर्भ में हम सिक्ख फलसफे का इन्कलाबी रूप देख सकते हैं कि परालौकिक परम जोत स्टेट के माध्यम से नहीं, बल्कि जन समूह के माध्यम से ऐतिहासिक काल में व्यक्त होता है।

भले ही अपने पब्लिक जीवन में साहित्य और चिंतन क्षेत्रों में, मैं रूढ़िवादिता के अर्थों में परम्परा के प्रति विद्रोही रहा हूँ, पर निजी जीवन में ऐसा साहस नहीं दिखा सका। डलहौजी में नौकरी के दौरान एक आहलूवालिया परिवार से मेलजोल हुआ। ह. क. सभी दृष्टियों से सुयोग्य थी—खूबसूरत, पढ़ी-लिखी, जहीन, कलात्मक रुचियाँ रखती, उद्यमीशीला रवाइती जिन्दगी से उपराम पहाड़ी नदी-नालियों की तरह नए राहों पर चलने की उमंग से भरी भरी। वह मेरे प्यार में व्याकुल थी पर मैं संग-संकोच में ही ग्रसित रहा। चाहता हुआ भी मैं अपने माता-पिता से खुलकर बात नहीं कर सका, मुझे लगता था कि उनकी सहमति में एक तरह की खामोश ना-पसंदगी है, जिसके आगे मैं विद्रोह नहीं कर सकता था। रोकना तो हो गया पर लटक लटकाई में, इस दौरान कई भ्रम भुलेखे (भुल्लियाँ) पैदा हुए उसका चाव घटता गया, पर मेरा लगाव बढ़ता गया। उसने न कर दी जो मैं लाख यत्नों के बावजूद हाँ में न बदलवा सका। उसे निजी जीवन में रवाइत स्वीकार नहीं थी। रवाइत से हटकर उसने बहुत कुछ कड़वा (कटु) भोगा, जिसके लिए मैं अपने आपको दोष-मुक्त नहीं कर सका, कहाँ वह और कहाँ मैं—मैं जो साहित्य और चिंतन में रवाइत को खण्डन करने का दावेदार पर निजी जीवन में मर्यादा-पालक। अपने समूचे जीवन में इसको मैंने ऐसे प्रकट किया है—

देना चाहा साथ मैंने जिसका, दे न सका।
देना चाहा साथ न जिसका, दे रहा।
कारण इस मजबूरी के ही,
कौरव पाण्डू सदियों से सह-अस्तित्व दोनों हैं भोग रहे।

अब जब अपने अंदर झाँक कर देखता हूँ तो लगता है कि साहित्य और चिंतन के क्षेत्रों में परम्परा विरुद्ध मेरे विद्रोह और दूसरी तरफ निजी जीवन में मर्यादा-पालन मध्य एक उलटा संबंध (Inverted relationship) है। इस प्रसंग में सोचता हूँ कि चिह्नात्मक अर्थों में, मेरे भीतर सर्वव्यापक 'राम' भी है और रावण भी : मैं राम-रूप हूँ और रावण-रूप भी, या सिर्फ कागज का रावण।

'कागज का रावण' मेरा प्रथम कविता-संग्रह था। अभी ही छपा संग्रह 'काइआ कपड़ु टुकु टुकु होसी' जिसमें 1992 के बाद लिखित कविताएँ हैं। हिन्दी में प्रकाशित

प्रस्तुत कविता-संग्रह में मेरी पंजाबी में प्रकाशित दो कविता संग्रहों की कविताएँ संकलित हैं। 'मेरी प्रतिनिधि रचना' तथा 'काइआ कपडु टुकु टुकु होसी। पर्याप्त समय से या ऐसा कहें कि जब से मैंने कविता-लेखन में पहला कदम रखा, मेरा सम्पर्क हिन्दी तथा अन्य भारतीय भाषाओं एवं अंग्रेजी में लिखने वालों से निजी संपर्क रहा है। हिन्दी के बहुचर्चित प्रतिष्ठित प्रयोगवाद तथा नयी कविता में अग्रणी कवि डॉ. गिरिजा कुमार माथुर तथा पंजाब के अखिल भारतीय ख्याति प्राप्त हिंदी कवि (अब स्वर्गवासी) कुमार विकल से मेरा निजी संपर्क रहा है। मेरी कविता और रचना-प्रक्रिया में पंजाबी मुहावरा है, उसकी अपनी रवानगी है, अपना एक फलसफा है और है जीवन के प्रति सर्वथा निजी दृष्टिकोण। मेरी रचना प्रक्रिया की पहचान के अनेक सोपान, आयाम एवं पड़ाव हैं—विद्रोह के साथ मर्यादा, यथार्थ के साथ आदर्श, पदार्थ के साथ अध्यात्म—परस्पर विरोधी पक्ष पाठकों को एक ही कविता में मिल सकते हैं। मिथकीय प्रतीक, संकेत, बिम्ब मेरी रचना-प्रक्रिया का अनिवार्य अंग प्रतीत हो सकता है, पर मैंने गुरुमत की अनेक धारणाओं से प्रेरणा, काव्य-प्रेरणा ली। मेरी कविताएँ ऊपरी धरातल पर अनेक बार सतही आम जैसे लोगों के लिए जैसी प्रतीत हो सकती हैं, पर वास्तविक स्थिति इससे सर्वथा भिन्न है—इसलिए मेरी कविताएँ प्रथम पाठ तक सीमित नहीं, अनेक पाठों की माँग करती हैं—प्रत्येक कविता के अंतस्संबंधों, भीतरी अन्विति की खोज, उसकी पर्तों के खुलने पर अर्थ-विस्तार कहीं-कहीं रहस्योद्घाटन होने पर मेरा आध्यात्मिक पक्ष भी स्पष्ट होने लगेगा। मेरी कविताएँ सपाट होने के साथ ही सांकेतिक, प्रतीकात्मक एवं संश्लिष्ट गहन अर्थ की प्रतीति कराने वाली हैं।

मुझे मान प्राप्त है कि पंजाबी साहित्य के इतिहास में मुझे पंजाबी कविता के विकास क्रम आधुनिकता में प्रयोगशीलता का संस्थापक-अग्रणी कवि घोषित किया गया है। मैंने स्वयं भी पंजाबी की आधुनिक कविता के विकास क्रम को समझने का प्रयास किया है। मेरा मानना है कि प्रयोग तो प्रत्येक युग की कविता में होते रहे हैं—कवि संवेदनशीलता और अनुभवशीलता के क्षणों में यथार्थ को केन्द्र में रखकर अपनी अस्मिता, अस्तित्व, अपनी आध्यात्मिक पैठ/रुचि से दृष्टि ओझल नहीं कर सकता। ये प्रभाव अभिव्यक्तियाँ, रुचियाँ मेरी कविताओं में हैं। मैं दार्शनिक होने का दम्भ नहीं भरता पर अस्तित्ववादी चिंतन मेरी कुछ कविताओं में विशेष है—इआ कप्पडु टुकु टुकु होसी—के अंतिम चरण में। मैं से मैं अमै, आत्म और स्वै की पहचान में, मनुष्य अस्मिता में मेरा अस्तित्ववादी चिंतन कविता में अनुस्यूत है।

मैंने अपनी कविता में स्वयं की पहचान के साथ अपने परिवेश—अपने बाहर और भीतर को समझने का प्रयास किया है। यह प्रयास किस धरातल का है—यह विचारणीय है। मेरी रचनाएँ कहीं-कहीं बौद्धिक इसीलिए बनी हैं कि उनमें चिंतन, अध्यात्म के संकेत बिम्बों एवं प्रतीकों में हैं—भारतीय मिथिहास—मिथकीय संसार मेरी

रचना में अनिवार्य संचार माध्यम बना है। उनके सार्थक वक्तव्य मेरी रचना का सम्बल बने हैं। मेरी रचना में पंजाबी मुहावरे में बदलाव रेखांकित किया जा सकता है। मेरी कला भाषिक संरचनाओं को इसी व्यापकता में समझा जाना चाहिए। मेरा आपा आदि जुगादि, विस्मय, अनहदनाद मात्र शब्द प्रयोग नहीं, काव्य साधना तक सीमित नहीं हैं, वे आध्यात्मिक सत्य का पासार हैं। यह विलक्षण अनुभव लोक है–इसे समाधि अवस्था भी कहा जा सकता है।

प्रस्तुत कविता-संग्रह के 'दो शब्द' हिंदी के प्रतिष्ठित चिंतक समीक्षक डॉ. रमेश कुन्तल मेघ ने लिखकर मुझे हिंदी काव्य जगत को अधिक निकट से समझने का अवसर प्रदान किया है। उनके प्रति आभार व्यक्त करना मैं अपना कर्तव्य समझता हूँ।

हिंदी पाठकों के सम्मुख मैं इस कविता-संग्रह के माध्यम से उपस्थित हूँ। इसे आकर्षक ढंग से प्रकाशित करने के लिए मैं वाणी प्रकाशन के स्वामी श्री अरुण माहेश्वरी को धन्यवाद देता हूँ।

जसबीर सिंह आहलूवालिया

अनुवाद के बहाने

आधुनिक पंजाबी कविता के विकास में डॉ. जसबीर सिंह आहलूवालिया प्रयोगशीलता तथा आधुनिकता के दौर की कविता-धारा के प्रवर्त्तक कवियों में स्वीकार किए जाते हैं। इस कवि ने पंजाबी कविता में कथ्य एवं शिल्प के धरातल पर सर्वथा नवीन प्रयोग किए हैं। कविता में मिथकीय आयामों-संदर्भों-संकेतों को बहुआयामी अर्थों में प्रयुक्त करने वाला यह एक विलक्षण प्रतिभा सम्पन्न कवि है। ऐसे बहुचर्चित पंजाबी कवि (जिसके अनेक कविता-संग्रह प्रकाशित हैं) को हिंदी पाठकों से परिचित कराना हमारा लक्ष्य रहा है। अनुवाद वस्तुतः एक सशक्त माध्यम है—जिससे दो भाषाओं के साहित्य का आदान-प्रदान सहजता से किया जा सकता है। फिर हमारा मानना है हिन्दी और पंजाबी भाषाओं में लिपि का अंतर अवश्य है—शब्दावली में समानता विशेष द्रष्टव्य है। एक भाषाभाषी दूसरी भाषा को आसानी से समझ सकता है—लेखन में लिपि का बोध अपेक्षित है। कवि आहलूवालिया की पंजाबी कविताओं में तत्सम शब्दावली का प्रयोग सहज रूप में हुआ है। अनुवाद करते समय एक समस्या मेरे सम्मुख अवश्य रही है, वह है इनके कवि और चिन्तक होने की। दोनों का संगम कविता को अधिक गहराता है—पाठकीय संवेदना और सोच में विस्तार होता है। मैंने कवि आहलूवालिया की पंजाबी कविताओं को अनेक बार पढ़ा है तथा इस प्रक्रिया से गुजरते हुए अनुवाद के साथ-साथ समीक्षा करने, रचनाओं का विश्लेषण-मूल्यांकन भी होता रहा है। मैंने इससे पूर्व भी पंजाबी की अनेक रचनाओं का अनुवाद हिन्दी में किया है, पर यह अनुवाद करना थोड़ा कठिन अवश्य रहा है। कारण, मेरा फारसी, उर्दू शब्दावली का सम्यक् बोध न होना रहा है। मैंने पंजाबी-फारसी-उर्दू के विद्वानों से संपर्क किया—इसमें प्रो. गुलवंत सिंह तथा इस कवि का मुझे विशेष सहयोग मिला है, पर कुछ शब्द तो मुझे चिन्तक कवि आहलूवालिया से ही पता चले। घण्टों की चर्चा के बाद इस अनुवाद को पूर्ण कर पाया हूँ। प्रत्येक भाषा के विशेषकर काव्य-भाषा के ऐसे शब्द अवश्य हुआ करते हैं जिन्हें सही परिप्रेक्ष्य एवं संदर्भ में समझना आवश्यक होता है। फिर प्रत्येक भाषा का अपना एक मुहावरा भी होता है। इसे समझे बिना अनुवाद नहीं किया जा सकता। इन दोनों भाषाओं का मैं विद्यार्थी रहा हूँ तथा मुझे दोनों भाषाओं में लिखने का सौभाग्य प्राप्त है। फिर भी बुकल, रूंगा लारे, खुरली, सांझा, भाणा तथा

तंद सरीखे सैकड़ों शब्दों के हिन्दी पर्याय नहीं दिए जा सकते।

कवि आहलूवालिया की कविताओं का अनुवाद करते समय मुझे इस कवि की कुछ धारणाएँ, वक्तव्य एवं काव्योक्तियाँ विशेष प्रभावित करती रही हैं। कवि की यह स्वीकारोक्ति हमें सटीक प्रतीत हुई है—झील के ठहरे (शांत) पानी में पत्थर फेंकने की। कुछ नया करने का, लीक से हटकर कुछ सटीक प्रयोग करने की, थोड़ा रवायत से मौलिक होने की। यही कारण है कि हम कवि को प्रयोगधर्मिता का, प्रयोगशीलता का एवं समकालीनता बोध का अंगीकार करते हैं। सबसे उल्लेख्य प्रवृत्ति हमें इनकी मिथकीय संवेदना (पौराणिक संदर्भों, प्रसंगों-संकेतों) और इनकी बहुआयामी प्रयोगों की प्रतीत हुई है। 'लक्ष्मण-रेखा' के उल्लेख से यह कवि अनेक नए संदर्भ-संकेत देना चाहता है। 'गुरु ग्रन्थ साहब' तथा पौराणिक ग्रन्थों के इस प्रकार के उल्लेख इस कवि की रचनाधर्मिता को विस्तारता प्रदान करते हैं। जीवन और परिवेश के बहुआयामी संदर्भों की संश्लिष्ट अभिव्यक्ति करती हैं। इसीलिए हम इस कवि की रचना-प्रक्रिया को किसी एक कविता के आधार पर समझने के पक्ष में नहीं हैं। प्रत्येक कविता इसके रचनात्मक कसाव, भाषिक संरचना के पृथक् प्रयोग का संकेत देने में पूर्ण समर्थ है। अनेक बार कविता आम स्थिति—वक्तव्य से, निजी संदर्भ से शुरू तो होती है—वह पाठक को पहले आम जैसी प्रतीत होने लगती है, पर एकाएक उस कविता का मर्म विस्तार पाने लगता है, कविता गहराने लगती है, कवि उसे धीरे-धीरे विस्तारता प्रदान करता है और एकाएक कविता अपने मर्म को पाठकीय संवेदना तक सम्प्रेषित कर पाने में सफल हो जाती है।

यह कवि अपने परिवेश के प्रति सचेत रहा है। पंजाब की त्रासदी का दर्द इसकी अनेक कविताओं में अनुस्यूत है। अपनों ने ही अपनों पर वार किए।' कहीं-कहीं एक सूत्रात्मक संकेत-वाक्यांश से बहुत कुछ अनकहा पाठकों पर छोड़ देता है। यथा 'चलते जो भटके-भटके ही चलते' में बहुत बड़े सत्य को, जीवन यथार्थ को व्यंजित कर देता है। इसमें सभी स्थितियों में निरन्तर चलने, आगे बढ़ने, कर्मण्य होने का भाव निहित है। भटकाव में नई खोज, सटीक प्रयोगधर्मिता का आधार है। इसी आधार पर हम इस कवि को मुखौटाधर्मिता के नकार और यथार्थ, प्रत्यक्ष, सहज प्रस्तुति का बेबाक कवि मानते हैं। इसे इस बात की कतई चिन्ता नहीं रहती कि लोग क्या कहेंगे? आम बोलचाल की भाषा में अनेक बार बहुत कुछ मर्मान्तक कह देता है। पाठकीय सोच को अनेक बार बदलने को विवश करता है। यह कवि स्वयं को प्रश्नों से आबद्ध पाता है। प्रश्नाकुलता के साथ स्थिति से संघर्षरत तथा रचनात्मक धरातल पर कुछ मौलिक करने-लिखने की आकांक्षा इस कवि की पहचान का मुख्य आधार रहा है। यही कारण है कि हम इस कवि की रचनाधर्मिता के अनेक सोपान-पड़ाव स्वीकार करते हैं। कविताओं में प्रश्न अनेक समस्याओं से सम्बद्ध हैं। स्वीकारोक्ति है—'प्रश्नों ने हमें घेरा,' 'हे गंगे, झूठ राजा झूठ प्रजा', 'बहनों भाइयों' तथा अन्य अनेक रचनाओं के प्रश्नों का धरातल

एक दूसरे से सर्वथा भिन्न है—कहीं ये मनोवैज्ञानिक हैं तो कहीं अस्तित्ववादी आधार आत्मसात् किए हैं। ऊपरी धरातल पर ये प्रश्न निजी प्रतीत हो सकते हैं, पर इनसे यह कवि हमें युग-बोध और परिवेशगत स्थितियों का परिचय सहज रूप में करा देता है। रचना प्रस्तुति के धरातल पर सपाट लग सकती है पर इसमें अन्तर्निहित अर्थ-गाम्भीर्य कहीं-कहीं सांकेतिकता तथा व्यंग्यात्मकता भी है। संवादात्मक अंदाज एवं सम्बोधन शैली में स्वयं से प्रश्न किया है और उसका उत्तर समाधान भी तलाशने का प्रयत्न किया है। 'बहनों और भाइयों' की इन पंक्तियों में इस कवि की पहचान सर्वथा नए रूप में की जा सकती है—'आप पूछोगे कि आखिर मैं कौन हूँ/यदि मैंने कहा कि मैं इंसान हूँ/आप हँस दोगे/यदि कहूँ कि मैं चोर हूँ/तो आप फिर भी हँसेंगे/यदि कहूँ, मैं आपके चरणों की धूल हूँ/आप समझोगे मैं कोई भिखारी हूँ/यदि कहूँ/कि मैं 'मैं' हूँ/तो देख लगाओगे कि मैं मनमुख हूँ' संबंधों से जुड़े प्रश्नों को लेकर इस कवि की धारणाएँ सर्वथा भिन्न हैं। वह मानता है—'प्रश्न ही प्रश्न का उत्तर होता है।' यह कवि आदि प्रश्न का उत्तर तलाशने में प्रयत्नशील है।

हम इस कवि को किसी एक वाद, विचारधारा, शिविर अथवा सोच-प्रतिबद्धता के घेरे में आबद्ध कर विवेचित-विश्लेषित करने के पक्ष में नहीं हैं। निरन्तर तलाश और लीक से हट कुछ नवीन या मौलिक प्रस्तुति इस कवि का सरोकार माना जा सकता है। आपाधापी, छीना-झपटी, अविश्वास एवं अनास्था के युग में यह कवि एक कृत संकल्पी रचनाधर्मी है—अपने पर पूर्ण विश्वास की बात अवश्य करता है। प्रस्तुति में कलात्मकता की चिन्ता बिलकुल नहीं करता। अनेक बार ऐसे कथन या काव्यात्मक वक्तव्य सपाट और गद्यात्मक प्रतीत हो सकते हैं। हम इस प्रकार की धारणाओं को नकारते हैं। समकालीन कविता पूर्ववर्ती कविता से इसी कारण भिन्न है। सूत्रात्मक काव्य-वाक्य कोशीय अर्थ की अपेक्षा बहुआयामी अर्थों को व्यंजित करते हैं—'असाध्य राहों को स्वयं चुनना' तथा 'संस्कारों के वृक्ष के सूखे पत्ते।' जीवन और कविता में यह कवि कुछ ऐसा करना चाहता है जो आम आदमी की हिम्मत से बाहर होता है।

कवि ने संबंध को सिर्फ लौकिक धरातल का ही माना है। कुछ रिश्तों में कवि की दृष्टि आदि जुगादि की, विस्मय की रही है—अनहदनाद की है। इसका रिश्तों को मौन स्वर मानना—ध्यातव्य है। संस्कारों का हर रिश्ता इसे लक्ष्मण-रेखा प्रतीत होता है। 'बीज से पारिजात तक' कविता में इस कवि ने 'लक्ष्मण-रेखा' के बहुआयामी प्रयोग से अपनी विलक्षण काव्य-प्रतिभा और प्रस्तुति-कुशलता का बोध कराया है। इस पौराणिक संकेत मिथक के युगानुरूप विकास एवं अर्थ-विस्तार की चर्चा सविस्तार की जा सकती है। इस कविता में प्रतिकूलता-अनुकूलता के संयोग प्रकृति और पुरुष के सम्भोग में जीवन की शाश्वतता द्रष्टव्य है। 'किरण' का विस्तार और मूल की तलाश में कविता अधिक गहराने लगती है। कहीं-कहीं रोमानी बोध भी सौंदर्याभिव्यक्ति में सहज प्रक्रिया-सृष्टि की लीला का शाश्वत क्रम है। प्रकृति में बीज और पारिजात (देव

वृक्ष) का चिर संबंध रहा है। यह सम्पूर्ण कविता प्रकृति और मनुष्य के विकास की सहज प्रक्रिया का सांग रूपक है। इसीलिए हम इसे कवि की काव्यात्मक उपलब्धि मानते हैं। इसी प्रकार 'आम जैसे लोग' कविता ऊपरी धरातल पर सामान्य तथा सरल-सपाट लग सकती है। समकालीन संदर्भों-मुखौटों का पर्दाफाश करते हुए यह कवि तीक्ष्ण व्यंग्य भी करता है। अन्त में 'विज्ञापन वापस लेना' में इस कवि का भीतरी दर्द—एक प्रकार की खीझ व्यक्त है।

हमने भी कवि आहलूवालिया को अन्य समीक्षकों की भाँति प्रयोगवादी, प्रयोगशील अंगीकार तो किया है पर इस कवि की सम्पूर्ण कविता-यात्रा से गुजरते हुए हमें यह कवि समकालीनता बोध का बहुआयामी काव्यात्मक विस्तार देने वाला अधिक प्रतीत होता है। यह कविताओं में सार्थक पहचान विशेषकर अपने भीतर को सही धरातल पर समझने का कवि है। 'दूसरी ही मिट्टी' कविता में 'मिट्टी' और 'खाक' का गुणात्मक अन्तर निहित है। मिट्टी की सार्थकता का पता लगाना है तो हमें पीर बुद्धू शाह से लगाना होगा। यह लोक-मानस में सर्वविदित सत्य है। एक ही शब्द पूरे संदर्भ की सांकेतिक अभिव्यक्ति करने में सक्षम है।

मैंने डा. जसबीर सिंह आहलूवालिया को समीक्षक रूप में लगभग दो दशक पहले अपनी आलोचनात्मक पुस्तकों एवं आलेखों में उद्धृत किया था। मैंने इस कवि चिन्तक की सम्पूर्ण कविताओं का हिन्दी अनुवाद करते हुए दोनों भाषाओं की प्रकृति, स्वभाव और प्रस्तुति पृथक्ता को समझने का प्रयास किया है। समकालीन हिन्दी कविता पर डी.लिट्. उपाधि सर्वप्रथम प्राप्त करने का सौभाग्य मुझे मिला है। इस अनुवाद के बहाने मैंने पंजाबी के कुछ चर्चित कवियों को निकट से समझने का प्रयास किया है। इस कवि का पंजाबी के बहुचर्चित कवियों के साथ ही हिंदी के प्रतिष्ठित कवियों गिरिजा कुमार माथुर, अशोक वाजपेयी तथा कुमार विकल आदि से विशेष संपर्क रहा है। त्रिभाषी कवि-सम्मेलनों में भाषा का आदान-प्रदान होता रहा है। हम कवि-सम्मेलनों में एक-दो बार संग रहे हैं—हमें इस कवि ने विशेष प्रभावित किया है। कविता-अनुवाद में जिस कुशलता, काव्य-प्रतिभा की अपेक्षा रहती है, मैं स्वयं की कमियों से भली भाँति परिचित हूँ। इस कार्य को मैं तुच्छ प्रयास ही मानता हूँ।

कवि आहलूवालिया जी का मैं आभारी हूँ कि उन्होंने मुझे अपनी कविताओं का अनुवाद करने की अनुमति प्रदान करने के साथ ही अनुवाद संबंधी मेरी कठिनाइयों को दूर करने के लिए अमूल्य समय प्रदान किया। डॉ. रमेश कुंतल मेघ तथा डॉ. बलदेव वंशी के इस कवि संबंधी प्रस्तुत धारणाओं के लिए आभारी हैं। वाणी प्रकाशन के स्वामी श्री अरुण माहेश्वरी को सुंदर प्रकाशन के लिए हम उन्हें धन्यवाद देते हैं।

—हुकुमचंद राजपाल

प्रोफेसर-अध्यक्ष (कृतकार्य)
हिंदी विभाग, पंजाबी विश्वविद्यालय, पटियाला-147002

अनुक्रम

‘काइआ कपड़ु टुकु-टुकु होसी’

दूर लाल झंडा लहराया
धरती के कहीं दूर किनारे
जो शायद कभी स्कूल एटलस में देखा था
सात समुद्र पारं से अन्धेरी आई
भीतर से धुँधआती लाई लाल भोर सन्देश
जर्जर पेड़ समूल उखड़ गए
पत्ते झरे पुराने
सत्ता के नव नक्शे बन गए
कैन्वस पर नव रूप सजाए
आज्ञा थी एक रंग भरने की
जो कहा गया वह करने की
जब सुनाया तब सुनने का
जब दिखाया तब देखने का।
दिन ढल गया
देखते देखते
रंग मजीठ निकला कुसुम्भा
पाश्चात्य सर्फ की धुलाई सम्मुख
टिका नहीं था
चितकबरी कैन्वस टुकड़े हुई
सहेज समेट कर रखी कैन्वस सर्द ऋतु में देख
विगत समय का स्नेह व्यतीत क्षणों की आत्मीयता
काया में भर लेता हूँ
घुटने सहते हुए

लंगोटी पहने फकीर ने
लाठी से घर मुक्त करवाया
लेकिन अपनों ने ही अपनों पर वार किए
सम्बन्धों को ताक पर रखा
फिर भी तिक्त भोर का स्वागत किया
तिक्त भोर कुल अंतरिक्ष में सप्त रंग ही जानी
होते होते भोर ढली
देखते देखते सप्त रंग सिमटने लगे
रंगों की आभा मिट गई
एक ही रंग उभरने लगा
काला रंग काले धन जैसा
काले घन जैसा
काला रंग मेरी प्रथम प्रेयसी का भी था
बहुत सुन्दर, बहुत आकर्षक
अंग अंग में नित्य नया रंग
हर-हर रंग में नई तरंग
होटल में कपड़े पहने जब मिले
क्रान्तिकारी बातें करते हुए सो गए
प्रातः उठे
मार्क्स की फ्रायड पर जीत और गर्व हुआ
दिनकर अस्त होने लगा
देखते-देखते
अस्तित्व ही सत्य होता गया
'स्वयं' को 'उस' से....'उस' से ... 'उस' से...
स्वयं को 'उस' में साकार करते
प्याज के छिलके उतारते
अपनी काया से पर वस्त्र उतारते
एक निराकार शून्य पर पहुँचाता हूँ
जहाँ मेरा मुझ में कुछ नहीं
जो है वे सब प्रतिछायाएँ हैं
झण्डे के आँधी के, सप्तरंगों के

और 'उस' के 'उस' के 'उस' के...
बेवफा वक्त की दगाबाज लहरों पर
कच्चे मटके की तरह फिसलते,
घुलती घटती परछाइयाँ
पीछे घूम कर देखता हूँ, सोचता हूँ
जब चले थे
क्या पता था
चला चली में
काइया कपड़ु टुक टुक होसी।

सच की बेला

जब लोगों ने सच की बात कहीं
हमने झूठ का नारा लगाया था।
झील के रुके पानी में
एक पत्थर गिरा दिखाया था।
नेता जी के जलसे में
'गो बैक' का हल्ला किया था
तम्बुओं को अग्नि पर चढ़ाया था
गड़बड़ का रंग जमाया था।
जब दावानल की खबर फैली
सब धरती लोकाई काँप उठी
फिर राज भवन से नेता जी ने
'सिर कलम करो' फरमाया था।
हमें बीच मैदान लाया गया
मुँह काला कर ठहराया गया
झील के पानी से निकाल कर
फिर बारी बारी लोगों से
पत्थरों की वर्षा की गई।
हमारे शीश पर आरे चलते रहे
हम शब्द वफा का पढ़ते रहे।
चढ़ सूली भी मुस्कारना पड़ा
चढ़ हिंदी फिल्म के हीरों की तरह
हम सही सलामत बच निकले
फिर बहती नदी से बाहर आ

कोई झूठ नहीं कोई सच नहीं
हमने अनहद राग सुनाया था।
हमें देख बहुत हैरान हुई
हमारा नारा चढ़ प्रवान (स्वीकार) हुआ
सच खण्ड में भी सम्मान मिला
हमारी फोटो अखबार में छपी
बुत चौराहे लगाया गया
फिर नेता जी के कर कमलों से
हमारे दिवस भी खूब मनाए गए
हम भीड़ में शामिल लज्जित हुए।
आज वेला सच की है
फिर प्रेम खेलन के चाव में
आज सच का नारा लगाएँगे
झील के ठहरे पानी में
एक पत्थर फेंक दिखाएँगे
यह आवागमन है पीड़ा का
पीड़ा के घर ही आएँगे
मुक्ति के दरवाजे न जाएँगे।

कूड़ राजा कूड़ प्रजा

बहुत समय से सुन रहा हूँ
शहर में शोर है।
नगरबंद भी हो चुके हैं
धमकियों का ज़ोर है।
नारों की गूँज में
लुप्त है जो माँग है
अँधेरे में जिस तरह का
नौ मन जो भार है
गाड़ियों पर लदा
अम्बार है अंगिआर है........
पर राधिका नाम होश है।
मन्दिरों और गुरुद्वारों में
रोष है और जोश है।
कर सकी सरकार मेरी
जो भी है सो सामनेः
यज्ञ हुए अधिवेशन भी
डोल रहा जब सिंहासन था
लाठी चली और भाषण भी।
नित्य नए मुँह जन्मते
नित्य नए मुँह अन्न दाना माँगते
पंचवर्षीय योजना फिर भी चलाई
हो गया फरमान जारी तुरंत ही
पंच वर्ष संतति संयम हो रहे
पंच वर्ष हर भँवर से फूल

हो रहे कुछ कुछ परे
मायाधारी जो कोई संकोच में
तो नव-जात बाल का सिर गर्दन से फिर कट जाए।
पहरे का था हुकुम हुआ।
हर नदी के तीर पर
ताकि कोई जा सके ना
घर यशोदा दौड़कर
पर लगता है कुछ स्मग्लिंग हो गई!
चौदह वर्ष बनावस और सो जा रहा
संग मेरे जाएगा साया मेरा
और कोई जा सके न दूसरा
मासिले उस ने जो पहन कर सफेद कपड़े
काले रंग का सच्चा सोदा' शहर में कर रहा।
यह क्या हूँ मैं देखता।
कि नगर सारा उमड़ कर है पीछे मेरे आ रहा!!
क्या कहा है जो?
शहर में एक व्यक्ति रह गया!!
जो कह रहे विस्माद में अन्दर
मैं तो माक्खन चोर हूँ
इस शहर में चोर के बिना सब चोर हैं।
हम सभी एक को दूसरे में भरते, बिना इसके।
यदि यही इच्छा आपकी
कि फिर सिंहासन बैठ जाऊँ
तो बीता मैं वक्त नहीं
जो लौटकर न आ सकूँ।
त्याग-पत्र पर मेरे हस्ताक्षर भी है नहीं।
लोक-राजी आपका यह देश हे
आदेश उसे आदेश है!
आदेश उसे आदेश है!!
आदेश उसे आदेश है!!!

मैं कागज़ का रावण

तारों की यह झिलमिल झिलमिल
बाजारों की चहल-पहल
और मित्रों की सुशोभित महफिल
यह डाकू मेरी पूँजी तक आँख झपकते में चुरा ले जाते
अपना आप बचाने हेतु
मन की आदम-गुफा के अन्दर
दृढ़ हार में लह जाता हूँ
'आदम बो आदम बो' करता
किसी भूतप्रेत की परछाई जैसे
मन की आदम गुफा के अन्दर
साँस रोककर मैं बैठ जाता हूँ
जैसे कबूतर बिल्ली आगे।
आदम गुफार की दुनिया अन्दर
स्वप्न मेरे अंग-संग
अहं मेरी बात करे
ये भरे हामी समझ इशारा
बात बुझारत खोलकर गाँठ
मेरे क्यों का उत्तर दे तू :
किसी रेल दुर्घटना अन्दर
कीमा-कीमा कटे मुसाफिर
मोटे अक्षरों की सूची अन्दर
क्यों न अपने की सम्भल करूँ मैं
जुड़ी भीड़ की आँखों के आगे
क्यों साइकिल करतव दिखाऊँ मैं

पहिए सरीखा घूम जाऊँ मैं
या फिर कहीं कुम्भ के मेले
हर की सीढ़ी से फिसल जाऊँ मैं
डूब डूब मरूँ और मर मर डूबू
मौत मेरी पड़तालें भोगे
क्यों हर की सीढ़ी फिसल जाऊँ मैं
आत्मघात की इच्छा,
यार मेरे यह उत्तर तेरा
अहं को यह ठेस पहुँचाता
मेरी क्यों का उत्तर दो
या फिर मुझे नौ नवरात्रों की लीला बाद
दशम दशहरे की भीड़ के आगे
काले मेरे कपड़े पहन कर
टखनों तक ज़मीन में गड़े
ताकि जो मैं कागज़ का रावण
सदा सदा के लिए अमर हो जाऊँ
सम्भल कर रखना अहंकार तक
सदियों की मैं झोली पाऊँ
मेरी क्यों का उत्तर देना
या फिर मुझे रंगमंच पर
टखनों तक ज़मीन में गाड़ो।

कैसा भाणा वरत गया

निर्भय मैं जीते थे
सद् भाणे में रहते थे
दूध के भरे कटोरे पर
फूल-पत्ती सरीखे सुशोभित थे
न बैरी कोई बेगाना था
सरबत (सभी) का भला ही माँगते थे
मान रखते मान रखाते थे
शीश देते, आह न भरते थे।
पर भाणा और ही घटित हुआ
तख़्त लाहौर हंकार गया
हर पीठ पर पुट्ठा वार गया
बुरी पत्त को ही ललकार गया।
केल करोदे हंझ के (कर्म करते हुए आँसू के)
बेख़बर, खण्ड को जला गया
जो मसला एक एतबार (विश्वास) का था
और किए कोल करार का था
वह बनते बन तकरार गया
चढ़ हाथ में फिर तलवार गया।
एक स्वप्न सूरजमुखी सरीखा
दिन ढला, वह संसार गया
ऊँचे आसन से, सिंहासन से
वे अक्षर घड़ते तख़्ती के
और अर्थ भी करते मरजी के।
फिर पूछे खोल किताब को :

"आप मानते हैं या नकारते हैं?"
(क्या बाबा कहे हाज़ी आ)
ओह पकड़ ढंडोलन भुजा हमारी
पर करक कलेजे न जानी।
ऊँचे आसन पर, सिंहासन पर
अब आते,
आते भरे भरे
जब जाते
जाते ठरे ठरे
एक भाणा और भी घटित हुआ
एक दस्तक की अभिलाषा थी
कई युग बीते
कई जन्म लिये
अब दस्तक दरवाजे पर आती है
कोई रूप बदल कर आती है
कोई वर्दी पहनकर आती है
कोई बाना तानकर आती है
जब दस्तक दरवाजे पर आती है
एक महक जैसा छा जाता है
कल बेगानों पर शक करते थे
आज अपनो से डरते हैं
कल स्वयं से भी घबराएँगे।

बहनों और भाइयों

बहनों और भाइयों
मैं कोई नेता नहीं
न भाषणकर्त्ता हूँ
मैं आपसे वोट माँगने नहीं आया
क्योंकि मैं न 'आयाराम' हूँ
न 'गयाराम'।
मैं सुरमा बेचने नहीं आया
और ना ही मेरे पास पीड़ा का कोई पाँचवर्षीय इलाज है
जिस दवा को खाकर आप शिकवा करें
कि 'रोग बढ़ता गया दवा खाते खाते।'
मैं कोई जादूगर भी नहीं
जो चाटों-वाटों की एक ही थैली से
आप को 'O' और 'R' निकाल कर दिखा सकें।
मैं सपेरा भी नहीं
क्योंकि मेरा सर्प मुद्दत से बेजान है, मुर्दा जैसा
जिस पर विटामिन का या बीन का कोई असर नहीं होता
मेरा नाम संग्राम है
(यह सालगराम भी हो सकता था)
पर विश्वास दिलाता हूँ
कि मैं कोई हड़ताली नहीं
ना नक्सलबाड़ी हूँ
कि मैं कोई हड़ताली नहीं
ना नक्सलबाड़ी हूँ
इन्कलाब मेरा धंधा नहीं

इन्कलाब से पहले दो चीजों की जरूरत होती है–
नये नारे की
घोर संकट की।
मेरे पास कोई नया नारा नहीं
और पिछले बीस वर्षों में
आप सारे पुराने नारे भोग चुके हो।
संकट है, पर गम्भीर नहीं
क्योंकि आप भाना (भाणा) मानने के आदी हो
और यह आदत सुरक्षित रखती है
आत्म को अनात्म से
साधू को चोर से
विश्वास को शंका से
और राजा को रंक से
इन्कलाब के बाद जरूरत होती है
एक वाद की
जो सारे वाद-विवाद को हज़्म कर सके
पर मेरे पास तो वेदना है, वाद नहीं।
आप पूछोगे कि आखिर मैं कौन हूँ
यदि मैंने कहा कि
मैं इन्सान हूँ
आप हँस दोगे
यदि कहूँ कि मैं चोर हूँ।
तो आप फिर भी हँसेगे
यदि कहूँ, मैं आपके चरणों की धूल हूँ
आप समझोगे मैं कोई भिखारी हूँ
यदि कहूँ
कि मैं 'मैं' हूँ
तो दोष लगाओगे कि मैं 'मनमुख' हूँ।
खैर अन्ततः बात यह है
कि मैं माईक्रोफोन ठीक करने आया हूँ।
यह माईक्रोफोन भी बड़ी विचित्र वस्तु है

भाषणकर्त्ता के अर्थ अपने पास रख लेता हूँ
और शब्द आपको प्रसारित करता हूँ
आप शब्दों पर भी मुग्ध हो जाते हो
भले गुरुद्वारे में बैठे हों
या जुलूस में।
मालिक हो
मुझसे अधिक जानते हो
'मैं' मूरख की केतक बात है।'

संकल्प की माया

मैं नल तू दमयंती है
मैं भटकन तू तृप्ति है।
तू मेरे संकल्प की माया
मैं माया का भोगी हूँ।
हर पल बाद
हर क्षण में
योनी नयी मैं पा लेता हूँ।
मेरे मन पर,
तेरे तन पर,
मैल चौरासी योनियों की है
तू अयोनि स्वै भंग सद ही
मैं योनियों का रोगी हूँ :
शो-रूम में जो सज़ा है,
टैरीलीन के सूट में
प्राणहीन लकड़ी का साँचा,
खतरे वाले बिजली खम्भे
मांसहीन हड्डियों का पिंजर
नव-निर्मित बिल्डिंग के माथे
उलटी हांडी जीभ से लम्बी,
किसी हवाई अड्डे में
झुक-झुक कर प्रणाम करो यदि
वह महाराज भारत का,
माउजे, हिटलर, नेहरू, गांधी
कारटून, अखबार में

ये सारे ही वेष हैं मेरे
ये योनियां भी मेरी योनियां
अगली योनी में जाने से पहले
पिछले कर्मों की माया से
पथ मेरा निश्चित हो जाए
मेरे मन पर
मेरे तन पर
निश्चित पथ की विवशता की
लक्ष्मण-रेखा तो बनी है
उस रेखा के अन्दर बह कर
कूकनूस की ध्वनि सुनकर
अग्नि में अपनी जल जाता हूँ।
पर अपनी राख
व्यर्थ ही जाए
सोच-सोच कर दुविधा में
सदियों का मैं सोगी हूँ
तू मेरे संकल्प की माया
मैं माया का भोगी हूँ।

'उल्लू का पट्ठा'

मुझे बचपन से ही बगुले पकड़ने के
पागलपन का शौक है
डरो न! मैं बगुले की बात कर रहा हूँ
बगुले भक्तों की नहीं।
हर पाठ अलफ अल्ला पर ही रुक जाते हैं
पहुँची हुई हस्ती की तरह
कुछ और लोग इससे राह पत सीढ़ियाँ
चढ़कर होते हैं इक्कीस।
पर मैं दोनों के बीच लटकता।
ख्याल में भटकता
बे बगुले पर आकर रुक गया।
यह वह समय था जब
कैलाश पर्वत से लेकर
कन्याकुमारी तक
हड़प्पा की पुरानी सभ्यता से लेकर
ज़मीन हड़प करने की नई सभ्यता तक
नेता जी के सफेद वस्त्र से लेकर
काले धन तक
गांधी जी के मौन व्रत से लेकर
'गरीबी हटाओ' शोर तक
चारों तरफ
एक नया नारा उठ रहा था
योजना! योजना!! और अन्य योजना!!!
बच्चे पैदा करने की योजना

पतले होने की योजना
बगुले पकड़ने की योजना।
दास ने जब मास्टर जी से
बगुले पकड़ने की योजना पूछी
तो उन्होंने बड़े अभिमान में
चावी हाथ में थामते ऐसे फरमाया
जब अमृत वेले उल्लू और अल्ला जागते हैं
बगुला और फरीद दोनों सोए होते हैं।
उस समय दबे पाँव छप्पड़ किनारे पहुँचकर
बगुले के माथे मोम की टुकड़ी टिकाओ
और चुपचाप लौट आओ
सूर्य की गर्मी मोम को पिघलाएगी
बगुले की होनी (भवितव्य) उसे अँधा कर जाएगी
फिर दौड़कर बगुले को हाथ से पकड़ लाओ
पैसे देकर अखबार में अपनी
फोटो छपाओ।'
मास्टर जी की योजना सुनकर
मुझसे रह न गया
और मैं बोल उठा
'मास्टर जी
मोम रखते समय ही क्यों न
बगुले को पकड़ लिया?'
मास्टर जी कड़क कर बोल :
'तू उल्लू का पट्ठा है।'
मेरे काफराना (विधर्मी) उत्तर का
यह हाकमाना (सत्ता-व्यवस्था) जवाब था
जो कभी जलियांवाले बाग में दिया गया
कभी तिलंगाना में
और कभी नक्सड़बाड़ी गाँव में।
उस दिन मुझे अहसास हुआ
कि उल्लू के पट्ठे को

अक्लमंद उल्लू की बनाई योजना पर
किन्तु करने का कोई हक नहीं।
उस दिन बच्चों सरीखा पाले
अपने सारे प्रश्नों को मैंने श्राप दिया
कि अँधे हो जाओ
तभी यदि कुरुक्षेत्र के मैदान में
निरंतर चल रहे युद्ध को मैं आँखों देख न सकूँ
पर सोचता हूँ
मैं नहीं तो न सही
पर थोड़ी या बहुत देर में
कोई दूसरा उल्लू का पट्ठा
अक्लमंद उल्लू की बनाई योजना से बागी होकर
तथा प्रथम भगवती का स्मरण कर
बगुले को सीधा पकड़ ले आएँगे
उस दिन दरिया अपनी अग्नि में जल उठेगा
मछलियाँ वृक्षों पर चढ़े या न चढ़े
उस दिन लघु-पुरुष भी पांधे से पूछेगे
'अलफ अल्ला का अर्थ क्या है?
एक नयी तख्ती खिली जाएगी
जिसमें वे सार अक्षर नहीं होंगे
जिनका अर्थ अन्याय है।
उस नयी तख्ती के लिखे जाने तक
बगुले पकड़ने की योजना
जैसे चलती है चलाओ
मुझसे बिल्कुल न डरो
क्योंकि मैं उल्लू नहीं
'उल्लू का पट्ठा' हूँ।'

शुभ दिन

(15 अगस्त के नाम)

मैं आपको विश्वास हूँ
कि आज के शुभ दिन
बदशगुन की मैं कोई बात नहीं करूँगा।
यह शुभ दिन
जो शादीशुदा महबूब जैसे
अपना भी है और पराया भी
25 साल बाद ऐसे आया है
जैसे सवेर का भूला राम
शाम को अयोध्या लौट आया है
और ढूँढ़ता है अपनी खड़ाऊँ को
अजायब घर के किसी गुमनाम कोने में।
मैं कह रहा था बदशगुनी की कोई बात नहीं करनी
महफिल के तौर तरीकों से परिचित हूँ
समय की नजाकत को पहचानता हूँ
आप सारे धन्यवंते, कुलवंते, पतवंते पुरुष हो।
ऐसे तैसे
नत्थू खैरा को
भाग्यशाली दिन
ऐसी सभा में बुलाया नहीं जाता।
आप गोदान करके
पाप को पुण्य में बदल सकते हो
काले धन को अन-कमाया
और अन-कमाए को कमाया बनाना

विरासत में मिला हुनर है
मैं जानता हूँ
आप खूब सैकूलर हो
आपके डाईंग रूम में
विष्णु, गौतम, नानक और ईसा
फाँसी चढ़े हैं
मंदिर में धूप जलाते हो
गुरुद्वारे कड़ाह प्रसाद कराते हो
क्लबी क्रिस्मिस मनाते हो
पर हड्डियाँ गंगा ही डालते हो!
चलो हड्डियों की बात छोड़कर
मांस की बात करें
करंसी की फ्री फ्लोटिंग भी करते हो
क्लब में 31 दिसम्बर की रात को
'दम मारो दम' के आलाप पर।
आप इस तरह नूतन बनते हो
मक्की के भुने दानों को
पोपकौरन कहते हो!
रेडियो से लाल त्रिकोण के
विज्ञापन सुन सुनकर
आप आज़ाद ख्याल हो चुके हो
सिग्रेट या लिप्सिटिक जैसे
निरोध का पैकेट अपने पास रखते हो।
आज के शुभ दिन कोई और
शुभ बात करिए
गर्म बर्फ और ठण्डी आग की तरह
आप प्रजातन्त्र डिक्टेटर में भी
यकीन रखते हो।
आप चंदा एक को देते हो
वोट दूसरे को देते हो
झंडा तीसरे का उठाते हो

नारा चौथे का लगाते हो
काम पाँचवे से कराते हो
क्योंकि पंचों में परमेश्वर है।
बदशगुनी की कोई बात आज ठीक नहीं
पर अन्य थोड़ी या बहुत देर जब
यह शुभ दिन निराश गुजर जाएगा
दरवाजे आएँ फकीर की मानिंद
दुराशीष देता हुआ
तो पिछले 25 वर्षों सरीखा ही
एक और गुमनाम जैसा दिन आएगा
उस वृक्ष की तरह जो दरिया किनारे खड़ा है।
दरिया कि जिसका पानी डैम ने
पीछे ही रोक लिया है
वृक्ष कि जो सूख रहा है
हर रोज के सरकारी एलान
सुनते सुनते
कि अगले चौबीस घण्टों में
बारिश की आस है।
जब यह वृक्ष दिन की गुमनामी में उतर जाएगा
जब वह आम जैसा दिन
वृक्ष के पत्तों सरीक्षा भुर जाएगा
तो अंत को वह रोज़े हसर (अन्तिम दिन) आएगा
जब कोई आपका लिहाज नहीं करेगा
गंगा पोथी!
ना यमुना दोधी!!
बादार्थ आँखों में
गुस्ताखी (अशिष्टता) उतर आएगी
उस दिन वे सारे मुर्दे
उठ खड़े होंगे
जिन्हें तुम जिन्दा दफ़ना आए थे
उस शुभ दिहाड़े के बीतने से पहले

मौसम को कहो : बदल जाएँ
मौसम के महकमे को कहो
ग़लत एलान न करो
वरना—आप स्वयं स्याने हो
मैं मूर्ख की केतक (क्या) बात है।

बचाव में ही बचाव है

बस, रेल और जहाज के किराए
इतने बढ़ गए हैं कि
चार तो क्या, मैं एक उदासी भी धारण नहीं कर सकता
वरना मैं मक्के जरूर जाता।
पर काबे की ओर पैर करने का मेरा कोई इरादा नहीं।
मैंने कब मक्का घूमना था?
ऐसे 'जीवन' की आदत किसी कसूती जा पड़ती
हो सकता है वे मुझे आतंकवादी घोषित कर
पुलिस मुकाबले में मरवा देता
कम से कम गिरफ्तार तो जरूर कराता।
और मुझसे चक्की नहीं थी चलती।
बाबे की बात और थी :
जो चक्की चला सकते,
सो अपने लिए तो सैकूलर होना ही अच्छा है
सारे धर्मों का आदर करना
किसी तरफ पैर ना धरना
हमेशा मध्य मार्ग पर चलना।
शायद बुद्ध ने भी यही कहा था
'बचाव में ही बचाव है।'
सड़कों पर भी यह लिखा था।

यह शून्यता तुम्हें मुबारक

कोई शिकवा नहीं कि हम जब उठे,
दिल का दर्द बनकर न उठे
कोई शिकवा नहीं कि
जब झूले,
झक्कड़ तरह न झूले
शिकवा नहीं कि
जब चले,
तो काफ़ले संग न चले
शिकवा नहीं
पैरों की सीमा को न लाँघ सके
पर शुक्र है और गर्व है कि
जब चले
चलते रहे
चलते रहे
राह नयी चलते रहे।

2

माना कि हो आप गाज़ी बड़े
गुफ़्तार के
तलवार के।
नारे लगाए
ऊँचे स्वर
झण्डे उठाए

अपने सिर
तलवार चलाई
अम्बरी
पर चण्डी के नव-रूप को न जाना।

3

सवेर के चाहवान साथियो
कभी रात को सवेर होते देखा है?
सूर्य समय से पहले नहीं चढ़ता
इन्क्योबेटर से आप चूचे तो निकाल सकते हो
पर इन्कलाब नहीं।
आपने शाम के सूर्य की लाली तो जरूर देखी होगी
इसे आँखों में उतार कर
तलवार हाथ पकड़
आप झपट पड़े
चिड़ियों पर बाजों की तरह।
पर तुम्हें गुरु ने
चिड़ियों से बाज इसलिए नहीं था बनाया
कि आप चिड़ियों पर झपट पड़ो।
जी करते तुम्हारे हाथों तलवार छीन कर
खोभ दिया हिक (सीने) में!
डरो नहीं।
अपने ही सीने की बात करता हूँ!!
और जब आप खुशी में
इन्कलाब के नारे लगाओ
तुम्हारी मासूमियत ओर
लैज़रस की तरह
खिल खिला कर हसूँ।
पर आप ठंठबरोगे भी नहीं
क्योंकि आप स्वयं गोगीआपासा ही हो
गोगीआपासा का खेल खेलते आप

मासूम लड़की को दोफाड़ कर सकते हो!
लोहा चबा सकते हो
हाथ पर सरसो उगा सकते हो
सूर्य चढ़ा सकते हो
और जब तालियां बजतीं हैं
आप सोचते हो
दर्शक भ्रम को होनी समझेंगे
पर नहीं।

4

आप हर सीमा को तोड़ना चाहते हो
पर दरिया की सीमा तोड़कर
उसे समुद्र बना सकते हो?
सागर की असीमता की भी एक सीमा होती है।
आप अस्तित्व और अनस्तित्व की सीमा तोड़कर
नागार्जुन की उस शून्यता तक पहुँचे हो
जहाँ अनस्तित्व का भी अस्तित्व नहीं
यह शून्यता तुम्हें मुबारक।

5

आओ पहले
चण्डी के नव-रूप को पहचाने
शत्रु अशत्रु की सीमा को भी जाने
आओ पहले
आप अपने सिर तली पर रखें
शत्रुओं के शीश अपने आप फिर लह जाएँगे।

हरिचंदौरी

यह किस ने शीतल (जमे हुए) पानी के सीनों में
नश्तर कहाँ से आ घोंपा
कि जल की धारा खहन लगी चाँद की चाँदनी के संग
मांस-भोजनालय के दरवाजे पर खड़ा सफेद कपड़ों में बैरा
सर्दी से कुंगड़े (ठिठरते) अध-नंगे अधभूखे शरीर
पान बीड़ी सिग्रेट चाय के प्याले, ठण्डे होंठ
चाय के घूँट, सिग्रेट के कश
दूर लाल वर्दी पहन, धूनी सुलगा, सेंकते शरीर
बाहों पर नम्बर प्लेट
प्लेट जैसे भरे जख्मों-का अँगूर
बिन आँखों से मुसाफिरों को देखते टटोलते, खाँखते शरीर
दूर मुँह-धुआँखी (कालिमा) गाड़ी की सीटी
'खबरदार-होशियार :
'सवारी अपने सामान की स्वयं जिम्मेदार होती है'–
सिर पर रखी गठरी का अतोल भार
पैर में बिछुआ, हाथ सधुरा पार न उरवार
हिचकियाँ भरती गाड़ी की धीमी रफ़्तार
बाहर प्लेट फार्म पर चढ़ते उतरते यात्रियों का शोर
गेट-समीप रेलवे का कर्मचारी लाल बत्ती साथ लेकर
मुसाफिरों को देखता, टटोलता, खाँसता शरीर
गर्दन को कोट कालर वाला सुकेड़ सरीखा कोई चोर–
चोरी करने आया।
दूर से रेडियो की धीमी आवाज : 'बढ़ रहे अपराधों की
रोकथाम का कानून'

यह कौन आ रहा है मगर मेरे हाथ में पिस्तोल पकड़
देखता, टटोलता, खाँसता शरीर जैसे कि टटोल रहा हो :
............मेरे कंजक..............बदन पर
मेरी माँ की साड़ी, सगी और मीढ़ी,
छब्बी की मलमल की चुन्नी पर चित्रित अधखिले फूल।
दूर से मुँह-धुआँखी गाड़ी की सीटी :
खबरदार-दौड़ो-होशियार।
घण्टाघर के चौंक पर तीन सड़कों का मेल,
मेल जैसे गंगा यमुना सरस्वती का मिलाप
सड़कें जो पूछने आई घण्टाघर से समय की रफ़्तार।
यह किस ने मेरे चौफाड़ गिरते शरीर को
नर्म बाहों का आश्रय दिया।
यह किसके मीठे बोलों ने पहली लांव (परिक्रमा) चलाई।
कि धरती ने शुरू की सूर्यों की परिक्रमा।
किस तरह की गुनगुनाहट, किस तरह की रात है यह।
रात है उमंग भरी, तारों जड़ी
रात है कि धड़कनों की फुलझड़ी,
घी के दीये रख हथेली पर पंथ दिखाएँ नित्य खड़ी
आँखों में दिन गुजारे आँखों पर रात्रि
भूस के रूप से लम्बी है आस मेरी
आशाओं की है लगर कि शिर पर चढ़ी
जीवन की सफल हुई कामना कि और ही हुंगार है आज
और ही बातुड़ी।
यह गंगाजल किसने छुआ धरती को
कि उग आए कलरों में केसू करोड़
यह किसी के नज़ारे की ही है दामिनी
कि सरशार नूरों पर है कोहनूर
यह किसके इशारे का जादू असर
कि हर ग्राम पर कोई मीठे स्वरों में
बिन बोले ही पहचान पाए
कि पहचान साँसों की साँसों संग

कि पहचान पैरों की राहों के संग।
पैर..............नंगे पैर...............?
सर्दी से सिकुड़े राहों के रोड़े
नये शहर की अधखुली, अधबंद दुकानें
बुक पोस्ट लिफाफों में जैसे विवाह का निमंत्रण
सर्दी से सिकुड़ी राहों के रोड़ें
पैर..............नंगे पैर................?
बाटा शू कम्पनी के उच्च ऐड़ी सैंडल
अन नापे सैंडलों के चौफाड़ गिरने की आवाज
यह किसने मेरे चौफाड़ गिरते शरीर को
ममता का आश्रय दिया।
यह किसने मेरे माथे लहू को पोंछा
माँ की गोद जहाँ सफल होती है
सारे स्वर्गों की छानबीन
गुड़िया पटोले मिट्टी के खिलौनों की दुनियां
मिट्टी के खिलौने जो भुर जाते हैं जल की धारा के संग
जल की धारा जो खहन लगी चाँद की चाँदनी के संग
यह किसने शीतल पानी के सीनों में
नश्तर कहाँ से आ खुबोया।

आँखों देखा उर्वशी ने

धुँधला था, शाम का
मोमबत्तियों की रोशनी थी
सोलहवीं बहार तेरी आज मैं मना रहा था
कुमारियों कोपलों पर बूर पहले आ रहा था
सोलह श्रृंगार से लदा कंजक बदन सलज
अनछुए ओठों ने सोलह, फूँकें लगाई
धुँधला कुछ गहरा हुआ।
सिर तेरे पर हाथ रख कर गोद मैंने लिया तुझे
सूने घर में इस तरह एक मोमबत्ती थी जलाई
निर्मल मोह की इस तरह कंजक ज्योति थी जगाई।
शरीह की पत्तियों को लागियों ने आ लगाया
बाबल का पौधा हरा
घर पर बधाइयाँ ही बधाइयाँ
रोज़ आता रोज़ जाता
आत्मीय धुंधला-सा
डैडी इस तरह नहीं प्यार करते'
गोद से उठ मेरी तू, इस तरह थी दूर हुई।
आकस्मिक चमक उठी जिस तरह कुछ दामिनी
आँखों देखा उर्वशी ने मन की नग्नता को
एक मोम की बत्ती मगर मेरे
कुछ परछाईं की दूरी पर
राह चलते चलते संग चले।
जैसे मढ़ी मसानी (श्मशान) अमावस्या को
कोई टोने का अंगारा जले।

फिर जलथल धरती भटका
बिन खेवट सागर कूदा
चढ़ तरवर उलटा लटका
एक पैर के बोझ पर खड़ा रहा
फिर जिंद (प्रिय) कराए टुकड़े
मैं टिड्डी कुएँ पर गिरता रहा
पर मोम की बत्ती मगर रही
लाख चितवन का दरवाजा बन्द किया
फिर कब्र खोदी एक गहरी
गला घोटकर बत्ती में दबी
पर मोम की बत्ती मगर रही
मधुसूदन जाल न तोड़ा।
रही प्रतिदिन पीर सुलगती
गया बारह मास चौमासा
कोई नवर न मिली अम्माली,
किसे कीम नाम दिल धरवासी
निर्मल जलधारा के तट पर
सुनसान मन्दिर के दरवाजे पर
फिरता फिरता फिर आया
जटाधारी साधू एक आकर
गंगा जल मुँह लगाया
आरती के इर्दगिर्द जलती मोमबत्ती पास जाकर
निज घर रोशनी पाई
टल्लियाँ खड़कें
फिर शंख बजे
मृदंग गजे
सब बोल उठे :
क्रान्ति, क्रान्ति, क्रान्ति!
ओउम् शान्ति, शान्ति, शान्ति!!!

तैकी दर्द ना आया

(साल 1984 के नाम)

जख्मों बोलो
अब न बोले
कब बोलेगे?
खण्डहरों कूको
अब न कूके
कब कूकोगे?
आँसुओं टपको
अब न टपके
कब टपकोगे?
बादल बरसो
अब न बरसे
कब बरसोगे?
बब्बर शेरो भपको
अब न भपके
कब भपकोगे?
सिद्धों उतरो
कब उतरोगे
कुत्तों भोंको?
अब न भोंके
कब भोंकोगे?

बाह्य अभिशापित भीतरी गुआचे

(गीत–होनी पंजाब की)

धरती है अपनी न अपना है अम्बर
अर्थी को अपनी भी, रखेंगे कहाँ।
पतझड़ के पत्ते हैं, राहों के कंकर
ये कंकर, ये पत्ते, सम्भलेंगे कहाँ।
बाँध कर समय को, पलंग के थे पैर
गहरी बहुत देर सोएँ, जगाए न जागे
धमाके से उठे, समय निकल चला गया था
ये खण्डहर बचा कर भी हैं टूटे
बाह्य अभिशापित हैं, भीतरी गुआचे।
चलते जो भटके, भटके ही चलते।

'या मैं रंच न मिथ्या भाखी'

जिस तरह हीरोशिमा पर एटम बम्ब गिराए जाने का
महँगाई का,
या बहार के आने का
कोई 'खास' कारण नहीं............
मैं भी ऐसे बिन कारण ही
पिपली की छाया के नीचे
दो एक पल जा बैठा था।
निर्वाह मेरी इच्छा थी न अभिलाष।
आप अब मुझसे उस बोध के विषय में पूछते हो
मैंने जो पाया है न पाना था।
इस विशाल गांधी पार्क में
मेरे स्वागत हेतु
आपने मनोरंजन रचा है
उसके लिए मैं हार्दिक धन्यवाद करता हूँ
पता नहीं
किसान रेली की तरह
अपने आप ज़ोर शोर से
या विरोधी दल की ओर से
भाड़े पर आए हो।
जानता हूँ
आप मेरी हर ऊलजलूल बात का अर्थ ढूँढोगे
धुर की वाणी जानोगे।
रमजा मानोगे
बेतुकियों को आदेश करोगे

क्यों स्थापित कीमतों में विघ्न का दोषी बनूं

दो जमा दो बराबर चार के
कोई लिख गया घर मेरी दीवार पर।
यह कोई घटना मामूली है नहीं।
किस तरह मैं कह दूं कि भेद ग़ैबी है नहीं
सालों साल इस देश की ओर आया न कोई कभी
बेगाने जैसे नक्श आकर बना गया कोई और ही।
चुभन बनकर रड़क उठी इस तरह दीवार है
चोर-दाढ़ी का जैसे स्वै-भ्रम का तिनका कोई
रड़क जो उड़े दो मनों में थी उठी
ऐड़े की कोख की कहानी
पोथियों से जा सुनी।
दो जमा दो बराबर तीन के मैं लिख दूँ
फिर सोचता हूँ :
क्यों स्थापित कीमतों में विघ्न का दोषी बनूँ?
झूले के रस्से से भी जब डर रहा।
हाँ, कोई निकलता जा रहा बच्चा लिख गया है खेल में
चिन्ता करूँ, ग्रन्थी बनूँगा किसलिए?
झूले के रस्से से भी जब डर रहा।

कुछ मैं भी जिम्मेदार हूँ

इस कोढ़ शापित शहर में
कुछ मेरी भी जगह है
कुछ मैं भी जिम्मेदार हूँ।
सुना है इस शहर के नेता जनमेजय ने
जनता की पीड़ा सुनने के लिए
दुख दमन के लिए
कुछ करने के लिए
अधिवेशन यज्ञ करवाया था
खण्ड पाठ, हवन और भाषण भी
रंग नाच का समय जमाया था।
छन छनण पग घुँघरू पहन
उस नईलों-पतली साड़ी से
हर अंग की रेखा पड़ी उभरे
कुछ प्रतीपकशी लोगों ने
उठ 'शेम' का नारा लगाया था
गड़बड़ का माहौल बनाया था।
जो अमन शान्ति भंग करे
उसे कानो पकड़कर छेक दो
कर पुट्ठा उसके अंगों को
कुएँ गहरे में झटक दो
और पहरा लगाओ कुएँ पर
कोई नाथ कहीं से न आ पहुँचे
सभापति की कुर्सी से

उठ नेता जी जनमेजय ने
ऐसे सादर हुकुम कराया था।
सुना है उस दिन से हर तरफ
इस कोढ़-शापित शहर में
अमन भी है खामोशी भी।
इस सारी मानव-घटना में
कुछ मेरा भी स्थान सही
कुछ मैं भी जिम्मेदार सही।

निर्गुण–सगुण

बचपन में गिनती गिनते, सौ तक न पहुँचा
भूल गया हर बार ही अधवाटी.............?
स्वप्न में भी न पीछा छोड़ा
पढ़ पढ़ भी गाड़ी ला
पर हो सदा निष्फल रहा।
क्या सौ का भी कुछ अपना रूप है?
या सौ इकाइयों का ही है फिर जमा घटा?
यदि सौ इकाइयों की जमा है सैकड़ा
तो सैकड़े से सौ इकाइयाँ निकाल दो
फिर शून्य निर्गुण रह गया,
सगुण सदा था हुआ।
निर्गुण को क्यों फिर पूजते?
यदि सौ इकाइयों की जमा है सैंकड़ा
तो एक ओर दूसरी शरणी बीच
न भेद भाव न अन्तर
पर कुतुब सीढ़ी चढ़ते मैंने जाना
पहले और दूसरे कदम में है पंक्ति का फ़ासला।
हर अगले कदम में डाचियों (ऊँटनियों) ने जो रखा
पैड़ों की पीर का अहसास तीव्र हो गया
सौ इकाइयों की जमा फिर सैंकड़े है किस तरह?
यदि है नहीं;
तो राष्ट्र फिर ऊड़े से है बड़ा, कुछ अलग,
फिर राष्ट्र में ऊड़े की क्या पूछ है और पहुँच है?

तलवंडी के उस पांधे से
अच्छा होता, बिन कहे कुछ सीखता
अच्छा होता, बीच चनाव के छलाँग न में मारता
छोड़ दूँ, सौ बार, पर कम्बल न मुझे छोड़ता।

तीसरी आँख

मैं लौटाने आया
आज उस प्रसाद को
नयनों का वरदान जो मुझे बक्शा।
नेत्रहीन अवस्था मुझे लौटाते
लाठी हाथ पकड़ाकर चौराहे छोड़ दे।
अपने, आप से दूर कहीं मैं खो जाऊँ
अपने आप से मुक्त मैं शायद हो जाऊँ।
कुतुब-उच्चाई
कुएँ गहराई,
दोनों की न खबर रहे।
संग मील की जरूरत रहे
न खतरे चिह्न की होश रहे।
पहुँच लगन की
दिशा सफर की
अभिलाषा तड़पाए जा।
फिर कोई चानण (रोशनी) अँधेरे तक
सीमा-बाँध कर जाए न।
हर उत्तर एक विवशता है
प्रश्नों ने जो लेख लिखाए :
देना चाहा साथ मैंने जिसका, दे रहा।
कारण इस विवशता के ही
कौरव पाण्डव सदियों से

सह-अस्तित्व दोनों हैं भोग रहे।
जान कर अनजान कोई
किस तरह बनता रहे नेत्रहीन मुझे लौटाते
या फिर तीसरी आँख शिव जी की।

आँखों पर पट्टी बाँधकर

शौक शौक में
खेल के अन्दर
आँखों पर पट्टी बाँधकर।
शहर बेगाने पहुँच गया हूँ।
इस शहर के अजब रस्म हैं।
जिस वस्तु को हाथ लगाओ
जो भी करते घर ले जाओ।
सिक्कों का व्यापार नहीं है
न यहाँ कोई कीमत चढ़ती
न यहाँ कोई कीमत गिरती
घेरा या हड़ताल नहीं है
माया का जंजाल नहीं है।
इस शहर के अजब रस्म हैं
चुनाव करने से जो घबरावे
उसका यह संगीन जुर्म है
वह फिर मण्डी बिक सकता है
उस पर हाथ कोई रख सकता है
उसे हर कोई हर सकता है
इस शहर की अजब सज़ा है।
तू और मैं भी
शहर बेगाने
आँखों पर पट्टी बाँधकर
एक-दूसरे को ढूँढ रहे हैं
चुनाव करने का कम समय है
ग़लत जगह पर हाथ रखेंगे।

'आम से लोग'

मैं जिस जगह की बात पाऊँगा
एक आम जैसा शहर है
जिसमें आम जैसे लोग रहते हैं।
इस जगह कोई घटना नहीं घटती
जो घटती है, आम जैसी होती है :
इस शहर में सूर्य रात को चढ़ता है
तारे दिन में चमकते हैं।
अपने आसपास
लक्ष्मण-रेखा की तरह, सुरक्षित महसूस करते हैं
पहली जमात के बालक की खींची
टेढ़ी-मेढ़ी लकीर
किए अनकिए पूर्व कर्मों की लकीर
समयों को चीरती इतिहासकार की लकीर।
वियतनाम या इस किस्म के
किसी और आम जैसे शहर में
विस्फोट में उठती
धुएँ की लकीर।
या फ़कीरों की खींची वह लकीर
फ़कीरों को छोड़कर
जिसके सारे फ़कीर होते हैं।
ये आम जैसे लोग
पवन पानी बैसंतर जैसे
भय में रहे निर्भय नहीं होते।

निर्भय से भय खाते हैं
चढ़ावे चढ़ाते हैं
वोट डालते हैं
वर माँगते हैं जैसे शापित होने का डर हो
हक माँगते हैं जैसे अनजोई करते हो :
जिसे पूजते हैं उससे डरते हैं।
जिससे डरते उसे पूजते हैं।
शीश तली पर रखते हैं
अपना नहीं, दूसरों का।
चड़खड़ियों पर चढते हैं
प्रैस कान्फ्रेंस करवा
दर्शकों की भीड़ इकट्ठी करके।
भूख हड़ताल करते हैं
डाक्टर की देखरेख में रह कर
सारे जहान के किलविख
दर्द-दुःख
सीने में समा
निकसन टेप, तेल-संकट
एशियाई एकता, डीगो गारशीया
........से परेशान हो चीख उठते हैं
एक ही हो रहे
आखिर क्या बनेगा
यह सब कैसे चलेगा
और अन्त में गुस्सा निकालते हैं
अपने अधीनों पर,
बात आ टूटती है मँहगाई भत्ते पर।
यह आम जैसे शहर में
जो 'हैं'
बहरे हैं, गूँगे हैं, अँधे हैं, लूले हैं
जो 'नहीं' हैं
नेत्र युक्त हैं, सुन सकते हैं

बलवान हैं, बोल सकते हैं।
यह आम जैसे लोग
धृतराष्ट्र को इष्ट मानते हैं।
होश सम्भालते ही
रीति-रिवाज अनुसार
अपनी-अपनी आँखें निकाल कर
चौराहे अस्थिर खड़े
अबोल खड़े
धृतराष्ट्र के चेहरे पर चस्पां कर आते हैं।
फिर आठों पहर शहर के दर्शनी द्वार पर बँधे
सफेद हाथी बारे अनुमान लगाते हैं
आँकड़े इकट्ठे करते हैं
सिद्धान्त धड़ते हैं
और भाँति-भाँति के निर्णय पेश करते हैं।
एक बात शुरू करता है
'इस हाथी की शक्ल समाजवाद से मिलती है'
दूसरा टोकता है
नहीं इसकी शक्ल
अफलातूनी कल्पना के साथ जुड़ती है'
'इसका ज़िस्म सिक्के के फैलाव वाला हैं'
नहीं, इसका तो लोकतन्त्री बैल है
जिसने सारी राजसत्ता
अपनी सींघों का भार
दूसरी तरफ करता है
तो कोई बाढ़ या भूचाल नहीं आता
बुत नहीं टूटते
औरतें बाँझ होती हैं ना हामला
उलट सिद्ध नहीं घटती
नीचे की ऊपर नहीं होती
कोई घटना नहीं घटती।
सिर्फ चुनाव-चिह्न बदलते हैं

राजसी पार्टियों में दोफाड़ पैदा होते हैं
दल बदली होती है
या नेता जी तबदील होते हैं
कारवाँ कोल्हू के बैल की तरह
पहले की तरह चलता रहता है
या चलते रहने का प्रभाव होता है
थक हार कर कोई और जन बोलता है
'यह हाथी तो ब्रह्म की माया है'
'नहीं' यह तो भीतरी वहम की काया है'
कोई अन्य कहता है
'यह तो वह वफ़ादार शिष्य है जो
गुरु के शीश माँगने पर
पास बैठे विद्रोही का सिर काटकर
भेंट करने उठा था।'
इस हाथी की आवाज़ बारे भी
मतभेद हैं
जैसे लोकतन्त्र में होता रहता है
यह कहता है
'इसकी आवाज़ डिग्रियाँ फाड़ते
विद्यार्थियों के शोर 'जैसी है'
'नहीं, यह तो डीज़ल लेने आए
किसानों को शान्त करने के लिए इस्तेमाल
कम से कम शक्ति के धमाके जैसी है'
यह आम जैसे लोग
जो नहीं समझा
उसे समझा समझते हैं
इनकी कानाफूँसी सुनो
तू ओ को वोट डालने चाहिए'
'नहीं-नहीं मैं ओ को वोट डालने चला हूँ।''
ऐसे आम जैसे लोगों के
सुबह होती है

शाम होती है
सारी ज़िन्दगी ऐसे तमाम होती है
.........इस आम और क्या
कूड़ निखुटेगा
ओड़क सच रहेगा
ये आम जैसे लोग
कोई अन्य नहीं
आप और मैं ही हैं!

बीज से पारिजात तक

हर बीज लेख (भाग्य) लिखा कर आता है
फूल होने का, फल बनने का
अंजु, तू भी कुदरत का अनुपम बीज है
एक असीम सम्भावना
सम्पूर्ण होने की तमन्ना,
जरूरत है माटी, माली की।
पर तुझे भी अन्य अनेक बीजों की तरह
माटी की जगह मिली है
संस्कारगत रिश्तों की बंजर ख़ाक।
संस्कारों का हर रिश्ता
लक्ष्मण-रेखाओं के ये दायरे
सिमटते सिमटते
एक बिन्दू बन जाते हैं—एक शून्य
जहाँ पहुँच, अस्तित्व शून्य हो जाता है
बीज बंजर।
बाबे ने तो लक्ष्मण-रेखा मिटाते
नयी पट्टी लिखते
पश्चिम की ओर पानी देते
काबे की तरफ पैर फैलाकर
चहु दिशा खुद का सिजदा करते
ओम् के छत्र को खुला रखा था
खुले खुले जीवन के लिए
बढ़ने फूलने के लिए।
पर हमने उस छत्र को बन्द कर

लक्ष्मण-रेखा बना दिया है
चक्र चिह्न और रेख भेख' तो मुक्त ओम् को
रेखा-बद्ध कर दिया है
लक्ष्मण-रेखा कहती है : यही तेरे अनुकूल
यही तेरा मूल हैं।
हम रेखा अन्दर रह
अपने मूल की भुलभुलियों के अनुकूल ढूँढ़ते रहते हैं
अनुकूल घर अनुकूल वर
अनुकूल दिशा
अनुकूल डगर।
पर मूल तो अनुकूल और प्रतिकूल का संयोग है
पुरुष और प्रकृति का सम्भोग है
जिससे पैदा होती है सृष्टि, सगल संसार
तारिका मण्डल, सूर्य-किरणें
तू भी एक किरण है
पर अपने सत रंगों से अनजान
सत रंगों की लीला से परेशान
प्रिज़्म से लाँघकर ही किरण
सत रंगों में ज़ाहिर ज़रूर होती है
प्रिज़्म से निकलते गुजरते
शायद तेरे कोमल बन पर खरोंच आवे।
यह खरोंच जन्म-पीड़ा ही तो है
सृजन-क्रिया ही तो है।
सह सकेगी यह खरोंच?
खुद से खुद तक अपने मूल की तलाश
जा सकेगी लक्ष्मण-रेखा के पार?
मिटा सकेगी यह बंजर संस्कार?
पश्चिम की ओर पानी देकर ही माटी सींची जाएगी
माटी कि जिसमें से मुंजमद बीज
पारिजात वृक्ष बन जी उठेगा
हरा-भरा...............

शाखाएँ मखमली, तेरे बालों की तरह महकी
फूल-पत्तियाँ—तेरे कोमल ओंठ
फल कि तेरी छाती-गोलाइयाँ, रस भरी
बीज से पारिजात
तू ही तू साक्षात्।

शायद 'शायद' ही सत्य है

तेरे मेरे बीच कोई रिश्ता नहीं
शायद एक रिश्ता तो है
दूरी का रिश्ता
दूई का रिश्ता।
फिर भी हमारी बात रिश्तों की 'क्यों' से शुरू हुई :
समुद्र की गहराई से बढ़कर गहरे रिश्ते
क्यों पानी में लीक ही रह जाते हैं—ना थाउ न थेहु'।
रिश्ते सुगंधि युक्त या कुसुम्भ युक्त?
रेत-स्थली, सहसी-पैड़ों जैसे,
काल-अकाल में अमिट लगते रिश्ते,
क्यों कच्चे घड़े जैसे खुर जाते हैं
सूखे पत्तों की तरह भुर जाते हैं
पक्षियों की तरह उड़ जाते हैं
योगियों की तरह चले जाते हैं। रिश्ते बावरोले बन आते हैं।
जड़ से उखाड़ छोड़ आते हैं
रिश्ते जो भीलनी के बेरों की तरह मीठे-मीठे, सच्चे सुच्चे
क्यों अहल्या बन जाते हैं
राम-स्पर्श से भी बेहिस, बे-हरकत।
रिश्ते धरती-आकाश जैसे मिलकर भी क्यों मिलते नहीं?
दूरी का रिश्ता, दूई का रिश्ता
जीतां, तुमने उपदेशक बन कहा—
नाम में 'दूई' रहती है, ना 'दूरी'।
पर जिस राजिन्द को सारी उम्र नाम-रूप में चाहा है

नाम-रूप में खोया है
'नाम' में पा सकूँगा?
शायद हाँ, शायद नहीं
शायद, 'शायद' ही सत्य है।

जरूरी सूचना

(हुकुम तुरंत लागू हो)

राशन डिपो पर शोर को
पल दो पल तो शान्त करो।
कनक का दाना खाकर आदम
जन्नत को था खो बैठा
फिर अन्न के लिए क्यों कुरलाते हो
अन्न तो हर रोज़ खाते हो!!
वोटों की इस दंद कला को
दो घी तो बन्द करो
एक दो सिर सिंगों ऊपर
राज काज को बोझ दो
क्यां जहान के जिगर के अन्दर
भूल भुल्लियाँ डालते हो।
फ़र्ज करो मान लो कि यह बात सच्ची
पंचों में परमेश्वर है
पर कुंती आदेश के आगे
पाँचों ने था शीश झुकाया
विरासत को भूल जाते हो!
मुर्दाबाद नारे लगाती
जिन्दा जो है कूड़ (झूठ) कमाती
दो एक मिण्ट ज़ब्त करो
सर्वस्व का भला यदि चाहते हो।
दो एक क्षण तो साजन जी यह
गाथा विरह रहने दो

धुएँ के कल्पित बिम्बों से
और दिसाबी (दिशाई) नजर करो।
हर बात बारे 'क्यों' की आदत
'चेतन जी' यह तर्क करो
तेरा भाणा मीठा लागे
गुड़ती (घुट्टी) को भूल जाते हो।
उम्र बँधी ऋषियों के तो
श्वास रो कर साध कमाया
हो सके तो दिल की धड़कन
पल दो पल के लिए रोक लो।
दो मिण्टों का मौन धरो।
और स्मरण करो शहीदों का!!
आगामी यह सूचना
कल यह दिवस मनाया जाए।

‘अब मेनका की जरूरत नहीं’

काव्य यात्रा के आरम्भ में लिखा था :
‘इस्तेमाल कर ले नौकर मेरा
यदि बीवी मेरी को कहीं
तो जर लूँ
पर जर कभी सकता नहीं हूँ
कि बिनाका ब्रुश मेरा
बरत ले वह बदतमीज’।

जीवन-यात्रा के इस पड़ाव पर
सारी उम्र सम्भाल कर रखा बिनाका ब्रुश
मेरा नौकर बरत गया।
काश! कि वह बरत कर साथ ले जाता
या फेंक देता

उसका चबा-चबाया ब्रुश
मैं मुँह लगा बैठा, अनजाने में।
उस दिन से
सारे जहान के मैले दाँतों की दुर्गन्ध
मेरे मुँह में जम गई है।
दुर्गन्ध ही दुर्गन्ध
तन में
मन में

आप सिर्फ धरती पर पसरे रहे

बाहरी प्रदूषण की बात ही करते हो
मेरे धुर अन्दर फैल रही
दुर्गन्ध की बात क्यों नहीं सुनते।
दोनों एक ही वृक्ष के पत्ते हैं–
कंज्यूमरिज्म
जिसने पैदा किया
नीम की कड़वी दातुन की जगह
मीठा, दिल फरेब टुथ ब्रुश।
बिनाका ब्रुश
सोहनी, लुभावनी पैकिंग में
जिसे कोई भी खरीद सकता है
बरत सकता है।
दुर्गन्ध फैला सकता है।
समाधि भंग करने के लिए
अब मेनका की जरूरत नहीं
सोहनी, लुभावनी, दिल-डोलावनी
पैकिंग ही काफी है।'

शाह मुहम्मदा, अपणे जद आउणगे

हमारे घर साजन आएँगे
तेल चोए जाएँगे
शगुन बांटे जाएँगे
जय जयकार होंगे।

'नेम-प्लेट' बदल कर बस
युग बदले जाएँगे।
अपने जब आएँगे।
'पेडू मुंढाहू (जड़ से) कटा
उस डाल सुकंदे' होंगे।
सूखी हुई डाल पर
घौसले जब पड़ेंगे
एक बुले (झटके) से झट
ज़मीन पर गिरेंगे।
आसमानी कहर को
दुत्कारा फिर जाएँगा।
वैण पाए जाएँगे
नारे लगाए जाएँगे
अपने जब आएँगे।
जड़हीन वृक्ष को
ढूँढा फिर जाएगा
छाया पराई नीचे बैठ
'सच्चे सौदे' होंगे
अपने जब आएँगे।

अपने जब आएँगे
घर चिरागां होंगे
घर-चिराग से ही फिर
घर जलाएँ जाएँगे
घरवाले, घर फूँक
जगत तमाशा होंगे।
अपने जब आएँगे
अपनों को ढूँढ कर
सिर काटे जाएँगे।
सिद्ध किया जाएगा :
अपने जो मारते
छाया में भी तो फेंकते।
अपने जब आएँगे
क्या क्या कारे होंगे
जय जयकारे होंगे।

अब गुमशुदा की सूचना सुनो

'गुमशुदाओं की तलाश' कालम में
'एकता' की गुमशुदगी विज्ञापन छपवाएँ।
टी.वी. रेड़ियो से प्रसारण कराए
कि आने जाने के किराए के अलावा
ढूँढने वाले को शुकराने (कृतज्ञता) के नाते सवा
लाख रुपए भेंट किए जाएँगे।
गुरुद्वारे मन्नत (सुखणा सुख्खी) मानी
'देहरा, मसीत' भी गया
जो परम पुरुष अनुसार कभी 'सोई' होते हैं।
खैर, विज्ञापन पढ़ सुनकर
'एक लाधो रे लाधो रे' पत्रों के अम्बार लग गए हैं।
हर कोई विज्ञापन राशि की माँग कर रहा है।
लगता है कि एक एकता नहीं
इस नाम की अनेक लड़कियाँ
घर से भागी
ढूँढने वालों ने ढूँढ लिया है।
पर मुझ से एक ग़लती हो गई थी!
विज्ञापन में हुलिया (पहचान चिह्न) नहीं दिया था।
अपनी खता कारण इन पत्रों का क्या करूँ?
जिस तरह आजकल
अन्तिम-अरदास विज्ञापन में लिख दिया जाता है
कि अलग कार्ड नहीं भेजे जा रहे हैं,
मैं भी इस विज्ञापन जबाब द्वारा
सभी पत्रों का 'बिलमुक्ता'

जवाब दे रहा हूँ
कि जिस 'एकता' की मुझे तलाश है
वह तो बेचारी
दरवाजों घरों से बिसारी
वह 'एकता' है जो कहते हैं,
कभी अनेकता के खुले आँगन
दूध-पूत संग बरसती रसती थी।
कोई कहता है–
शेख के साथ मक्के हज पर गई वापस नहीं लौटी।
कोई बतलाता है
हरिद्वार कुम्भ मेले जटाधारी साधू साथ ले गए हैं।
कोई इशारा करता है
गुरुधामों की शांति-देव यात्रा करने वाले
श्रद्धालुओं के भीड़ भडक्के धक्कम धक्के में
अटारी स्टेशन पर ही पैरों नीचे कुचली गई है।
हो सकता है पुलिस ने लावारिस लाश को
जला दिया हो
दफ़ना दिया हो
या धर्म निरपेक्ष मर्यादा पालते
आधी लाश जलाई हो
आधी दफ़नाई हो।
रब्ब की रब्ब जाने!
मैं अपना विज्ञापन वापस लेता हूँ।
जय हिंद!!

नींवों को तो जरूरत होती, खून की हाड-मांस की

लंबे सफर के साथ की
जो बात करते थे कभी
पल ही पल में हो गए क्यों
सफल से भी अजनबी।
सांझी नदी की बात ऐसे
पानी में लकीर है
इस किनारे मैं खड़ा हूँ
उस किनारे तू खड़ी।
सांझी चनाव, सांझी जुवान तो
गुफ्तगू की रमज़ है
जड़ ही तो मुनकर हो जो
शाह ओह क्योंकर फले।
घटा बनकर जो आए थे
क्यों चले गए बरसे बिना
मेरा घर तो जल गया था
जल रहा था शहर भी।
उम्र भर बनते रहे हैं
रेतली दीवार को
नीवों को तो जरूरत होती
खून की, हांड-मांस की।
लौट चले घरों को कि
और आगे राह नहीं
राह बनाती ही रहेगी
कब तक ज़िन्दगी।

जो भी है बना रहे

चाय की प्याली पीते, अखबार जब हूँ देखता
काँपता है हाथ मेरा
जैसे पिटारी सर्प की मैं खोलता
या विद्युत का तार स्पर्श।
नेता जी का निधन कहीं?
जलजला या बाढ़ आई?
कहीं बस टकरा गई?
या पुल पुराना बह गया?
गोदाम लूटा गया?
या गोलियाँ ही चल गईं?
बिजली कहीं गिर गई?
या जंग छिड़ गई कहीं?
प्रवास मेरा छूटता, विश्वास मेरा टूटता।
धीरज खोया विश्वास मेरा टूटा
टूटा विश्वास पहले पहल था।
जब मेरे परम मित्र ने कहा था
मेरा नौकर मेरी पत्नी का उपयोग कर ले
तो मैं सहन कर लूँ
लेकिन सहन कभी कर नहीं सकता हूँ
कि बिनाका ब्रश मेरा प्रयोग कर ले वह मूर्ख
सुनकर उसकी बात पत्नी मुस्कराई थी किंचित्
मैं क्या जानूँ मेरी बात तो और है
सीधा-सादा आदमी हूँ
पिता-पुरखी रीतियों में पला हुआ

नीम की दातुन करे यदि 'राम तू ही' कहता
मानवीय मूल्यों का सम्मान हाथों से गिर गया
क्रान्तिकारी मार्गों पर मैंने लाखों बार तेल चुवाए
चमकता जो दूर झण्डा
पास आते चीथड़ा ही रह गया।
और सागर मंथन की आवश्यकता न रही
किस करवट बैठेगा ऊँठ आगे
देखने की चाह ही नहीं रही।
अब तो बस इच्छा है : जो भी है बना रहे
विह्न न कहीं पड़े
(जो भी है सो तर्कशील हीगेल ने भी था कहा)
'आदम बो' सुनता हूँ यदि विघ्न की आवाज़ में
तो अस्तित्व को ही खतरा बनता है
ज्यों सर्प-पिटारी मैं खोलता हूँ
या विद्युत-तार स्पर्श कर रहा हूँ।

संग्राम

विधवा बीवी की सुरक्षा
बच्चों की खुशी और
बुढ़ापे की लाठी
बीमा कम्पनी का विज्ञापन रोज़-रोज़ जो देखता हूँ।
भीतर से आवाज आए
आने वाले कल की खातिर
आज कुछ कंजूसी करते हुए जीने की आवश्यकता है।
दूसरी आवाज आए
बिल्कुल ही कतई आवश्यकता नहीं
हर रंग में जलती है 'दलीले सहर'
जिसके लिए
तब तक आ ही जाएँ चारों ओर उस प्रातः
वह प्रातः क्या जिसके विरोध में दोनों हाथों
लड़ रहा हूँ।
इसलिए नहीं लड़ रहा कि
विधवा बीवी की सुरक्षा
बच्चों की खुशी और
बुढ़ापे में लाठी की
मुझे आवश्यकता नहीं।
लड़ रहा हूँ इसलिए कि
जिस किसी का भला चाहा
वहीं प्रार्थना उलट हुई
सपनों में देखी थी
उलटी हुई मूर्ति प्रतिमा।

नवजात बच्चे का मुँह देखा सोए सोए
दूसरे दिन किसी बूढ़े की
अर्थी जाती देखी।
सपनों में मैं गंगा तट पर खड़ा था
आँख खुली : अधर प्यासे
(इस तरह कुछ हँसना मैंने चाहा था
मकबरे से उठकर आराम से लैजरस जैसे हँसा था)
बचपन में खेलते मैं जिस पक्ष में होता
वही पक्ष हार जाता
अविश्वास ही इस प्रकार जीवन का निर्णय बन गया।
उपाय इस श्राप का कुछ इस प्रकार ढूँढा
उसके विरुद्ध संग्राम करता जिसकी मुझे लालसा
बेरुखी भी इश्क का अंदाज है
इस बार संग्राम मेरा सफल न हो जाए कहीं
इस भय से जीवन को बीभत्स किया।
और नहीं तो जाते चोर की लंगोटी ही सही।

शीश अनुपस्थित था

कोह काफ की परी से अधिक सुन्दर,
यौवन की शिखर दोपहर में,
जब वह बिजली जैसी आकस्मिक लहराई
तो मेरी समाधि बिल्कुल ही भंग न हुई
क्योंकि उस समय मैं समाधि में नहीं था
—दफ्तरी फाइलों में उलझा हुआ था
उसके जाने के उपरान्त
लौट आने की प्रतीक्षा में
समाधि लगाए बैठा हूँ
पर वह मेनका बीते समय की तरह आएगी नहीं
और मेरी समाधि अधूरी ही रहेगी
स्वयंवर समय भरे दरबार में
एक झटके से ही मैंने धनुष तोड़ दिया था
रसमानुसार जब वह वरमाला लेकर मेरे पास आई
तो मैं लज्जित-सा हो गया
मेरे तन पर शीश नहीं था
याद हो आया।
वफ़ादारी की सौगंध लेते समय
अपना शीश तो मैं राज भवन में ही छोड़ आया था
राज भवन से जमानत पर शीश लेकर
वापिस लौटा
तो स्वयंवर निपट चुका था।

केवल उसी को

एक मूर्ति है मन के भीतर
एक तेरा संकल्प है
तुम्हीं कहो कुछ समझाओ कि
तुम इनमें से कौन हो
कौन रूप स्थिर है तुम्हारा
कहो कौन परछाई हो
किस मूर्ति से प्रेम करूँ
किसको बैठ रिझाउँ मैं
स्वप्नावस्था की गुड़िया है
मोहिनी है मधुमती है
या फिर कहीं पत्थर दिल हो
कठिन इस्पाती हो?
तुम्हारे इस संकल्प से डरता
अवचेतन हो जाता हूँ
अवचेतन में पैठ जाता हूँ
जिस मधुवन आ मूर्ति तुम्हारी
रंग-बिरंगे वेष बदलती
कपड़ा मिल के विज्ञापन वाली
माडल युवती प्रदर्शन करती
बोलो यह भेस तुम्हारे अपने
या अवचेतन माया है?
तुम्हीं कहीं कुछ समझाओ कि
तुम इनमें से कौन हो?
इन मेरे प्रश्नों के पीछे

सदियों का इतिहास व्याकुल
सदियों के इतिहास का उत्तर
बोल तुम्हारा एक हो सकता था
बोल तुम्हारा जो नहीं सुना मैंने।

मैं एक वह (जन-व्यक्ति)

मेरे नाम की लाटरी नहीं निकली
इस बार भी
कीमतें बढ़ गई हैं चारों ओर
टैक्स की अति हुई है
हाहाकार है शहर में
घर नन्हा बच्चा पैदा हुआ है
ईश्वर की इस देन को
मैं कैसे ठुकरा दूँ।
सारे विश्व की पीड़ा सीने में
चन्दा माँगने आए लोग
कहते थे—वहाँ सरकार सोई, प्रकाश की आवश्यकता है
हाथों में जलती मशालें लेकर
माँग-पत्र देना है।
शायद इसी में भलाई हो
सोचकर मैं आए लोगों के पीछे हो लिया
(निजी सोच का था यह मेरा अन्तिम अवसर)
न ने झंडा उठाया
ब ने नारा लगाया
दूसरे दिन ही मोटे अक्षरों में समाचार था अखबार में
लाखों अ लाखों ब
रोष में, जोश में
सारे देश से चले आए
और साथ ही समाचार था छोटे अक्षरों में
भीड़ जिसे कुचला था वह व्यक्ति मर गया।

जलसे जलूस भीड़ ने जिसे कुचल दिया था
मैं ही था
नारों की गूँज में गुम थी आवाज़ जिसकी
मैं ही था।
और आह्लाद बन कर जो हँसा
मैं ही था।

धर्मराये जब लेखा मांगे

बहा कर कच्चे घड़े को फिर मुझे बहा दो
किस तरह बैठा रहूँ तट किनारे पर चिनाव के
अल्फ नंगा सत्य बन कर शहर तेरे आ गया
भेद को दे हटा या फिर मुझको नकाब दो
कृपा तेरी हमारे लिए क्यों क्रोध है
कर्म को कहता रहे भले फिर चाहे शबाव के
पूछेगा धर्मराज भी दरगाह पहुँचते
खून किए जो शक्तिहीनों के उसका हिसाब दे
दिल्ली अभी दूर है मृग-जल की खोज है
रंग है कुसुम्भी ना और ख्वाब के
माना! सूर्य बड़ा बलवान केन्द्रीय
अहंकार में आपके वरदान देते रंग कायनात के
धरती यदि स्थिर हो गई, परिक्रमा करते
बेरंग न हो जाएँगे, रंग आफताब के।

रावण-लीला

स्वदेशी माटी खाद विलायती
नव नवरात्रि जो उगाए
रीति आदि से जो आए रे लालो।
दशम दशहरे राम और रावण
'मिल कर रहो' की भाषा बोली बोलें।
दंग रह गए लोग रे लालो।
हाथ मिलने के बाद रावण
सीता पास जो टुंगाए
नाना-रूप धारण कर रे लालो।
आई दीपावली दीप जले फिर
काकटेल पर इकट्ठे हुए
शहर के सम्मानित रे लालो।
उन्हें क्यों बुरा कहें जिन्होंने
कन्या हाथों जाम सुराही
शक्ति खूब रिझाई रे लालो।
दुम कुत्ते की संग जो बाँधी
फुल-झड़ी को आग लगाकर
लंकावासी ताली लगाते
लीला विचित्र रची रे लालो।

मैं और मैं

शनाख़्ती परेड में पहचान
अधनंगे चेहरों का चारों तरफ दायरा है
(नाना-मुखी रावण का जिस तरह आकार है)
प्रत्येक चेहरा भिन्न है पर दीखती है सांझ भी।
शीशे में प्रतिबिंब (अक्श प्रतिरूप) अपना रोज़ हूँ जो देखता
इस तरह पहचानता हूँ अर्द्धनग्न चेहरों को।
पर सतही सरीखी दूरी का भी साथ ही अहसास है।
दूरी जो अस्तित्व प्रतिबिम्ब के मध्य है
प्रतिबिम्ब जो अस्तित्व बिना अज्ञात है
संध्या का समय भी है और धुंधला भी तेज है
अतः ध्यान से देखता हूँ
'मैं इनमें कौन हूँ?
यदि कोई चेहरा 'मैं' नहीं
तो अंगुली दोष की
बेहिस है ख़ामोश है
इलज़ाम यदि न धरू मैं तो
एक और एक फिर दो नहीं
एक और एक जो दो नहीं
तो आदि है न अंत है
सो ध्यान लगाकर देखता हूँ
'मैं' इन में से कौन हूँ।

वाहु! वाहु!!

अपने आप, एक आदि
शून्य समाधि लगाता।
तारा-मंडल गगन का थाल
धरती धवल न कोई पाताल
दिवस रात औ' पवन न पानी
चारों वेद न रसना वाणी
ब्रह्म विष्णु महेश न कोई
राम रहीम औ' नाथ गोसाई।
नरक स्वर्ग नहीं अवतार
न इस पार नहीं उस पार
नहीं है आन नहीं है जान
नहीं भू प्रेत श्मशान।
यति सती या जंगम योगी
तन्त्र-मन्त्र भेद नहीं भोगी।
पाप-पुण्य न लज्जा धर्म
पूजा पाठ न नासिका कर्म
न ग्रन्थि न ब्राह्मण मौला
तब क्यों कहे सुनाए 'दूजा'।
चक्र चिह्न और 'मैं' न 'अमैं'
आदि मध्य अंत 'एक' रमे!
रावण नहीं न कोई सीता
इन्द्र धनुष न लक्ष्मण-रेखा
रूप रंग और रेख न कोई
अन्दर-बाहर भेद न कोई

राजा रंक न सीमा बन्धन
वोट हेतु न सीमित बन्धन
न त्रिशूल कहीं न खण्डे
चुनावी रंग झूठा प्रचार
एक सुलझता और तैयार।
कहीं बाढ़ न कहीं भूचाल
कर्फ्यू धरने न हड़ताल।
न बॉफोर्स औ' बैंक सकैम
कहीं न कोई माया-जाल।
बेडर रह भयभीत नहीं हो
मोह न बैर बढ़ाता हूँ।
मत कर हत्या (एंकाउंटर) झूठी सच्ची
नदी न रक्त बहाओ रे।
सत्य सिंहासन बैठा आप
सच्चा व सच्चा प्रताप।
एकक सहित अनेक विकास।
सुर अलौकिक ध्वनि बन उपजी
भू पाताल गगन तक गूँजी
वाहु वाहु रे वाहु बलिहार
वाहु वाहु रे मेरे साहिब।
आदम औं हवा भी
शून्य धरा पर प्रकट हुए जब
स्वयं को जाना
रूप रस पहचाना।
'दो' से 'एक' हुए
और बोले
वाहु वाहु बलिहारी जाऊँ
वाहु वाहु रे मेरे साहिब।
जब तुम नितान्त शून्य से बाहर आई
कुछ शरमाई
चुप ने चुप से कुछ कहा

गले मिले
तन का द्वैत मिटा
'दो' से 'एक' रस भये
सप्त सरोवर अमृत भरे
विषम ओंठ तुम्हारे हिले
'पागल कर दोगे'
आदि वाणी से तुम्हारी स्वर विस्मय के झरे
वाहु वाहु बलिहारी वाहु
वाहु वाहु मेरे साहिब
एक से अनेक होना—वाहु वाहु!
या अनेक से एक होना वाहु वाहु!

अंधेर नगरी चौपट राजा

मैं क्या जानूँ, मैं तो ऐसे रुचिवश
इस नगरी आ गया था।
हर तोल एक मूल्य बिक रहा था
राम राज्य है स्थापित
—यह भ्रम हो गया था
क्या कहा है?
काले रंग की कुछ करंसी चोरी इस जगह हो गई
और चोर भी मिलता नहीं।
मेरी मानो : खुर्च दो चेहरों से
जो भी हैं नकली नकाब
रीति को स्वीकार नहीं!
कानून की भी आज्ञा नहीं!!
पर यह कैसा इन्साफ है कि
ऊड़े को भी धर लिया क्योंकि उसका काला रंग है
काला रंग तो रात का भी है
उसे भी दण्ड दो!!
काला रंग श्याम का भी
उसे भी दण्ड दो!!
खैर, नियम जो भी आपके
आपको ही सुशोभित।
मेरा दम तो घुट रहा है
मैं तो जाना चाहता हूँ
क्या कहा है?
लौट मैं सकता नहीं

मेरी इच्छा, मेरी मर्जी, मेरा निजत्व कुछ नहीं?
झरोखे-हीन इस राज्य का यह कैसा दस्तूर है?
क्या कहा है?
नेता जी का हुकुम है कि
फाँसी मुझे दे दो
पर क्यों? मेरा कौन-सा दोष है?
काला मेरा रंग है
न काला मेरा धंधा है
मैं तो ऐसे ही शौक अन्दर ही रहा था
'खुर्च दो सभी नकाब'
क्या कहा है?
दोष मेरा सिद्ध है
कि फाँसी का रस्सा मेरी गर्दन का नाप है
झरोखेहीन इस राज्य का यह कैसा दस्तूर है?

भवसागर : वह और यह

'बहुत जन्म बिछुड़े थे माधव', गातीं
टिकट की अभिलाषी सवारियाँ
सिरों पर संस्कारों का बोझ लादे
चालक के संकेत में प्रतीक्षित
कि भवसागर की इस गाड़ी ने
कब, किस राह से, किस मंजिल को जाना है।
बस चालक आयु में अल्प है
तथापि गाँठ का पक्का है–
जानता है कि सवारियाँ
उसके 'हारन' से नहीं, अपने संस्कारों से ही डरती हैं।
वह परम्परा पालक भी है
बड़े से बड़े त्याग (बलिदान) को तत्पर–
आपका सिर काट कर, अपनी हथेली पर रख सकता है।
कह रहा है कि
यह गाड़ी कई दशकों से डिप्पर मार कर चलती आ रही है
अब भी ऐसे ही चलेगी
यदि समीप है देखना पर्याप्त है
दूर का देखना ऊपर वाले की चिन्ता है।
चालक लोक-तन्त्र से भी परिचित है
(भले ही कुछ लोग उसे लोकतान्त्रिक कहते हैं)।
वह कह रहा है कि
'अँधे पावहि राह' उसका कार्य क्षेत्र नहीं,
उसका कर्तव्य है सवारियों को

'एक' बस पर लादना है
किस रास्ते पर जाना है?
कहाँ पहुँचना है?
पहुँचना भी है या चलते रहना है?
—यह निर्णय बस चलने पर
बहु सम्मति से सवारियाँ स्वयं करेंगी।
(अपने हाथों अपना आप ही काज सवारिए)
लेकिन बस के दोनों द्वार बन्द रहेंगे
ताकि कोई द्वार बदली न हो सके
खिड़कियाँ भी बन्द रहेंगी
सावधान! किसी स्वयंभू बुद्धिजीवी की बाहरी आवाज़
बस की आन्तरिक शान्ति भंग न कर जाए!!
कुछ सवारियाँ दुविधा में हैं
सोचती हैं—
वह भवसागर तैरना कितना आसान है
जिसका आर-पार तो है
लेकिन यह भवसागर!
यह बवंडर!!

दूर कोई कविवर गाता जा रहा है—
शाह मुहम्मद, सिंहों ने स्वयं अपनी
तरह नीबुओं से रस निचोड़ दिए।

दहलीजों पर खड़ा मैं सोचू

एक पैर दहलीजों अन्दर
एक पैर दहलीजों बाहर
न मैं इधर न मैं उधर
किस ओर जाऊँ ठौर नहीं है।
चढ़ते की यह मेहँदी है या
उतरते की यह खूनी सूरत
अंधा सूर्य अस्त रे हुआ
या अंधा ही चढ़ा अभी
सोने की आज लंका मेरी।
खण्ड-खण्ड होई दीखे
दहलीज के अन्दर दुनिया मेरी
एयर कण्डीशन कमरे की तरह
अहंकार मेरा ढ़ाल है लेता
बाहर हो झक्खड़ झोला
या फिर हो हाड़ चौमासा
निर्लिप्त रहे मन की यह नगरी
आत्म-निर्भर अहंकार
मेरा हार चमेली चन्द्र कला जैसे
मुकुट पहन शिव जी बन जाऊँ
पार्वती संग रास रचाऊँ
कल्पित महबूबा के सिर पर
हाथ रख भस्मासुर जैसा
मोह अन्दर उसे भरमाऊँ
पर कभी-कभी रात समय

दर-दरवाजे दस्तक आती
नज़र बचा मैं अहं से
शहर की सड़कों के ऊपर
रूप बदल कर आ जाता हूँ
सुप्तनिद्रा में जैसे कोई रोगी!
रिक्शे वाला मैं रिक्शे वाला,
गाता जाऊँ गाता ही जाऊँ मैं
शहर की सड़कों के ऊपर
'आओ भाई जी, बहन जी आओ
स्टेशन तक दो दो आने।'
उल्टे पैडल रिक्शा चलाऊँ
शहर की सड़कों के ऊपर।
बहुत दूरी पर खेतों में
आँखों पर खोपे लगाकर मैं
बदल पंजाली जुत जाता हूँ
उल्टे चक्र कुएँ को चलाऊँ
अकस्मात् मैं रुक जाता हूँ
एक पराणी पीछे पड़ती
बदल पंजाली तोड़ फोड़ कर
खोपे उतार मैं भाग जाता हूँ।
राह में अहंकार ढूंढ़ में मेरी
कानों से पकड़ खींच ले आती है।
दहलीजों पर खड़ा मैं सोचू
चढ़ते की यह मेंहदी है या
उतरते की यह खूनी सूरत
आधा सूर्य अस्त है हुआ
या आधा ही चढ़ा अभी?'

प्रश्न मेरे, ये प्रश्न तेरे

याद है मुझे रोज़ रात को
गोद में लिटाकर माँ ने
चंदा मामा की दुनिया के
कितने गीत सुनाये, बातें डालीं
देख ओह बेटा चंदामामा की दुनिया में
सदियों से बूढ़ी माँ रहती
जिसका काता सभी सूत पहने
चाँद की किरणें जिसके धागे की तारें
लच्छे जिसके चमके तारें
नीलाम्बर के छींके में
बूढ़ी माँ की बातें सुनता
स्वप्न लेता सो जाता था।
दूसरे दिन जब फिर माँ मेरी
बर्तन आदि से निवृत हो
चरखा रखकर बैठ जाती थी
मैं पूछता था—
'चंदामामा की दुनिया में
सदियों से बूढ़ी माँ रहती
जिसका काता सभी सूत पहनते
फिर क्यों माँ तुम चरखा रखकर बैठ जाती हो?
'रात की बातें दिन में नहीं करते
सफ़र में मामा मार्ग भूल जाएगा।'
मेरे बचपन के प्रश्नों से
मेरी माँ कुछ कतराती थी, कुछ घबराती थी

पीछे पड़ता, ज़िद करता था तभी माँ मेरी
रबड़ की गुड़िया देकर मुझे
बहलाती थी, पुचकारती थी
जिसका पेट दबाने से सीटी बजती
सीटी को में चीख समझकर
डर जाता था, घबरा जाता था
रबड़ की गुड़िया को छाती से लगाकर
खेल खेल में सो जाता था
आज भी मन के नीरव अँधियारे में
खुम्भ सरीखे ख्याल उभरते
डायन के जैसे दाँत चमकते
रेल की दो लाइनें
दीखती पद पर पहुँचकर इकट्ठी हो
उस नुक्ते बिन्दू पहुँचने की लोलुप इच्छा
क्यों उस बिन्दू तक मैं अभी पहुँच नहीं सका हूँ?
क्या उस बिन्दू तक मैं पहुँच नहीं सकता हूँ?
क्यों चंचल मन जुगनू पीछे भाग जाता है?
जुगनू जो चिमनी से निकलते चलते कोयले की काया है?
क्यों भारहीन अवस्था में चलता प्रतीत होता है?
क्यों आकर्षण–बिन्दुओं का आकर्षण नहीं शेष?
नारद-मन की भटकन है या
बन्धनों से है कोई मुक्ति?
प्रश्न मेरे ये प्रश्न तेरे
जैसे ज़िन्दगी दरवाजे पर दस्तक हों
पर दस्तक देने से कतराता हूँ घबराता हूँ।
बता कि माँ तू मेरे बचपन के प्रश्नों से
क्यूँ कतराती थी घतराती थी
चंदामामा स्वप्न का संसार
फिलूस की तरह अगर फट जाती तो
बचपन में ही अच्छा होता।
बोल क्या माँ तू चंदा मामा की दुनिया
बातें क्यों डाला करती थी?

बारह मास तीस दिन

सुबह सवेरे दूध वाला आया
खोटे दाम उसने हमसे ले लिए
दूध सपरेटा बर्तन में डाला
झूठ के सोदे दोनों ने किए
ऐसे हमारे घर चेत्र आया।
दूत कोई बन मेघ नहीं आया
मन अम्बर पर घटा न छाई
किसी मोर ने न नाच दिखाया
न चातक ने तृषा बुझाई
मिले तोले की दुर्गन्ध
ऐसे हमारे घर सावन आया
पोष पका न माघी खाया
न कोई रस हमारे घर आया
पैरों नीचे न रोड़ हमारे
न सम्भोग का गीत ही गाया
फटा कोट रफूगर बनकर
ऐसे हमारे घर माघ आया
'फिर क्यों हुआ'—भाव कहने के लिए
जैसे कोई अपनी अँगुलियों को मोड़े
रुण्ड मुण्ड वृक्ष खड़े
ऐसे हमारे घर पतझड़ आया।
जप तप हमारा रहा अधूरा
रोग—अवस्था स्वयं पानी
बारह मास की कारगुजारी
काँच विश्वासी आयु गुजरी।

आतंकवाद

(शेर बकरी और बुद्धिजीवी)

कहानी बहुत पुरानी है
आवागमन की शापित
वेश बदलती
पंच-तन्त्र से लोकतन्त्र तक गतिशील है
अपहाजाओं के लिए अन्तर्राष्ट्रीय वर्ष के समारोह पर
इसके कुछ अंग काट दिए गए थे,
पर जीभ शेष है
शेर बकरी पर गुर्राया
'तू पानी गंदला ही नहीं कर रही
अपने हिस्से से अधिक भी गिरा रही है'।
बापू की प्यारी बकरी बोली–
हुज़ूर पानी हमेशा आप द्वारा नीचे आता है
वह भी बचा बचाया।
गत वर्ष आपने जो एवार्ड दिया था
उससे कम, बहुत कम, पानी हमें नसीब होता है।
मेरे एवार्ड विरुद्ध तूने हँगामा किया था,
पर हँगामा नहीं,
एक तुच्छ-सा गिला ही था
जो कभी इकबाल ने अल्ला सम्मुख किया था
बाबरवाणी वाले बाबे ने अकाल पुरुष संग।'
'हँगामा था या गिला
तुम थे या तुम्हारी माँ
सज़ा तुम्हें ज़रूर मिलेगी''

हुज़ूर सज़ा तो मेरी माँ भोग चुकी है,
आपने उसे गत वर्ष ही निगल लिया था।''
''पर इस सज़ा बारे आप ने मेरे विरुद्ध
जलसा किया था।''
हुज़ूर जलसा आपके विरुद्ध नहीं था
अपने बचाव के लिए था
क्योंकि सड़कों पर आम लिखा है–
''बचाव में ही बचाव है''
आपका बचाव कानून का कर्तव्य है, आपका नहीं
जब से विदेशी नस्ल के बकरों से आपने
भोग शुरू किया है
साध स्वभाव छोड़कर विद्रोही हो रहा है
आपके भीतर आतंकवाद समा गया है
आपने अधिकारों की रट लगानी शुरू कर दी है,
बकरियों के समूह की ऐसी सोच
सरासर संकीर्ण साम्प्रदायिकता है–
पंजाब के बुद्धिजीवियों की भी यही राय है।''

आज सूर्य की काली किरणें

आज कैसी ऋतु आई, रे लालो
यह कैसी ऋतु आई
खेतों में बारूद हैं उगते
खून की है सिंचाई, रे लालो
भंगड़े-गिद्धे गीत लुप्त हुए
यह किधर से बारात आई रे लालो
जिन सिर सुन्दरी ने तोड़ी
भटकीं, लाज गई, रे लालो
तुम्हें दर्द न हुआ, स्वामी
बाढ़ ही खेत को खाए, रे लालो
जो कल सिर की बात थे करते
बैठे शीश झुकाए, रे लालो
भूत भविष्य भवान है भूला
मरे का सार नहीं कोई रे लालो
आज सूर्य की काली किरणें
रंग नहीं दीखे दिखलाई, रे लालो
सम्बन्धों की पहचान रही नहीं
न कोई बहन न भाई, रे लालो
यह कैसी ऋतु आई।

सत्य की घड़ी न टाले टले

सच सुनाएँ, सच की बेला
सच की घड़ी न टाले टले
यदि बोलो तो मार देंगे
न बोले तो मर जाएँगे।'
यह होनी है तेरी मेरी
यह होनी है हमारी सभी की
जो समझे थे लक्ष्मण-रेखा
पानी अन्दर लकीर ही निकली।
सच सुनाएँ सच की बेला
सच की घड़ी न टाले टले :
धुन्ध मिटी जग चानण (प्रकाश) हुआ
इन्द्रधनुष आकाश पर छाया।
चारों दिशाओं राज्य कमाया।
पैरों नीचे धरती हिलाई।
आत्म की पहचान रही न
सम्भाल समय सुध गुम हुई।
दिशाहीन, खुरते ही जाते
टूटे तारे, आज न्याय।
खेत जो सजाए शूरवीरों ने
शीश तली हथेली पर रख
रहबरों ने खेती सारी
महानगर की गोदी डाली।
खाली बही और अँगूठे लगाए
पुल तोड़े, सरसों बिजवाई।

कौड़ी बदले बिकते आए
रूंगे* में ही लाज बेची।
हरा पौधा रहा न कोई
यह कैसी पतझड़ है आई।
जीती बाज़ी हारते आए
यह होनी बार-बार दोहराई।
निज घर रहा न सोदर पाया
दरवाजे पराए दृष्टि रखी।
कहाँ जाकर व्यथा कहे
कौन सुनेगा पीर पराई।
अपने आपसे टूटे फिरते
माँगे मिले न बाहर से लादी।
सुध सम्मति, न बुद्धि बल बाकी
कप्पड़ काया टुक-टुक (टुकड़े-टुकड़े) होई।
सच सुनाए सच की बेला
सच की घड़ी न टाले टलती
अपनी धूप से आप न डरते
परछाईं की ओट तकाई
ज़िंद हीन परछाईं बन कर
रुल (गुम हो) जाते हैं ख़ाक रुलाई।
सच चुनाए सच की बेला
सच की घड़ी न टाले टले।

---

* 'रूंगे' पंजाबी का ऐसा शब्द है जिसका हिन्दी पर्याय नहीं। इसका प्रयोग वस्तु खरीदते हुए जब बच्चे दुकानदार से मुफ़्त में कुछ माँगा करते थे, दिया जाता था।

चार पहर रात के

पहले पहर रात के
नौं मंजिल बिल्डिंग की छत पर
चाय के प्याले पीते
पर्दे से दृष्टिगोचर होती नीचे की यह दीन दुनिया
गुड्डी पटोले खेलते जैसे बच्चों की कल्पना।
कल्पना क्या रेत के कच्चे पहाड़
कल्पना क्या जन्म दिन पर तोहफों (उपहारों) की बेबी-कार
कैफे की दीवार पर डालडे का एक कैलेण्डर
नाईलों की एक साड़ी, शरीर पर सोलह शृंगार
हाथ अन्दर डालडे की मिठाइयों भरा थाल
राधिका जैसे कहने आए आरती मुरारि की।
बैरा, उठाओ, इन जूठे बर्तनों को
चाय के प्याले छुरी काँटों को
बिल लाओ कि आज कोई नहीं आएगा, नहीं आएगा
सौगन्ध खाई थी जिसने आने की, पानी की बुक (अंजलि) भर कर
पानी क्या जिसमें तैरते थे कैफे के एक कोने में
काँच के बर्तन में डाली सोनरंगी मछलियाँ।
चलो अपने घर ही चलो।
टैक्सी? रिक्शा? नहीं पैदल ही चलो!!
नरपति एक सिंहासन पर सोया स्वप्निल भिखारी
कान पड़वा हाथ काँसा पकड़ा जंग की हुई तैयारी
हाँफ हाँफ कर सीढ़ी चढ़ा पन्थ निहारे नारी
टप टप कर अश्रु आँखों से बहे कासा रह गया खाली।
दूसरे पहर रात के अरे कासा रह गया खाली।

अतृप्त रहा कुछ भीतरी
लाख पहनने खाने भोगने अरे
हर सेज चुभे काँटों से
हर महफिल हुई श्मशान अरे
सभी रंग हैं रंग कुसुम्भ के
सभी रूप हैं बावन जाल अरे
माँग ढाई करूँ ज़मीन की
छल जाए शरीर भी साथ रे
हर सुबह घिरे जंजाल रे
तीसरे पहर रात के
संघर्ष चले मेरे साथ रे
पंखा झोलती पवन आ पूर्व से
मेघ आप आकर पानी ढोने लगा
हाड़ मांस का पिंजरा हुआ निश्चल
मन में आकाश के खोने लगा
बची नींद मरी दमयन्ती अरे
नल जंगलों में घूमने लगा
चाय के पी प्याले मज़दूर चले
सायरन मिल का कोलाहल जो करने लगा
पहर चौथे मेरी जान रे
सायरन मिल का कोलाहाल करने लगा।

डिस्कवरी आफ इण्डिया

भई, नदी खुश्क बह रही है
कोई दसवें द्वार पहुँच कर
सन्देश लाए तो किस तरह।
जब गौतम बुद्ध उपदेश देने के लिए पहुँचे
निराश जाना पड़ा
शहर में हड़ताल थी
काम काज ठप्प था
आवागमन बन्द था
कोई अष्ट मार्ग पर चले तो किस तरह?
अर्जुन युद्ध क्षेत्र में
ब्रह्म ज्ञान की प्रतीक्षा कर रहा है
ब्रह्मज्ञानी
उद्‌घाटन-समारोह में व्यस्त है
बाहर सुदामा
फ़्लैट अलॉट कराने के प्रार्थना-पत्र के लिए खड़ा है
पुलिस को उस पर आतंकवादी होने का सन्देह है
सेवादार चावलों की पोटली छीन रहा है
सृष्टि का चक्र ठीक चल रहा है
सूर्य समय पर निकलता है, अस्त होता है
निरंकार विस्माद में है
जानकार मौनधारी है
माँ बच्चे को गोद में लिए बैठी है
बाप हुक्का पीकर जा चुका है।

नींवों में चिनवाने के लिए आओ साहिबजादे ढूँढ़ें

कुछ तो करना होगा
जिस जमूद को तोड़ना होगा
अपना ही गिरेबान फाड़ कर सीते रहे
अब सीये को फाड़ना होगा
आओ दरिया की दिशा बदले
पानी सागर से पर्वत की ओर बहाएँ.
कोई नया चाँद चढ़ाएँ
नया सूर्य सृजन करें
जो पश्चिम से पूर्व की ओर चल
नए सूर्य की आरती उतारे
आओ आरती के लिए नया
गगन थाल ढूँढ़े
एक नया वृक्ष उगाएँ
जिसके पत्ते पाताल में
और जड़ पाताल में हो
वृक्ष लगाने के लिए
आओ सत्यभामा का आँगन ढूँढ़े
एक नयी इमारत खड़ी करें
पहले छत डालें
फिर दीवारें
और फिर नींवें।
नींवें चिनने हेतु

आओ साहिबजादे ढूँढ़े
स्वर्गों के लारे (झूठे वायदों) पर
नरकों में पहुँचते रहें
आओ राह बदलें
रहनुमा स्वयं ही बदल जाएँगे।
कुछ तो करना होगा
इस जमूद को तोड़ना होगा।

अन्ध कूप

जश्न कहीं होंगे
मातम मनाए जाएँगे।
क्या गँवाया क्या है पाया
तोल तोले (जांचे) जाएँगे।
ऊँचे स्वर, कुछ बोल बौने
फिर से बोले जाएँगे।
काँच के महलों में बैठ कर
राख के, कुछ रेत के
फिर घर बनाए जाएँगे
नीवों में चीनने खातिर
शीश ढूँढ़े जाएँगे।
गुरु के माँगने पर जो
शीश समर्पित किए थे हमने
दिन दिहाड़े शीश वही
मिट्टी में मिलाए जाएँगे।
दोष बाँटे जाएँगे
अखण्ड खण्डित हो जाएँगे।
उधर
कुछ दुष्ट कोसे जाएँगे
इधर
अपने ही सोधे जाएँगे
'गुमराह' हुए जुनून के
किस्से बनाए जाएँगे

वापस बुलाए जाएँगे
शहर के दर्शन-द्वार
'जी जी आया- कहते
झण्डे झुलाए जाएँगे।
अन्ध कूपी
खाली टिण्डी
गोड़ गिरते रहेंगे।
इस दौर की बन कर निशानी
खिलाअ (अन्तरिक्ष) अन्दर भटक कर
कुछ शब्द शेष रहेंगे।
क्या पता वे हमारे विषय में
क्या क्या फतवा देंगे
बाबे दादे की कहानियाँ जब
पूत सुपूत कहेंगे,
क्या पता वे हमारे विषय में,
क्या क्या फतवा (निर्णय) देंगे।

या ज़िन्दगी के सौंदर्य की न चेतना बाकी रहे

इतनी सुन्दर लग रही है आज तू
कि बददुआ भी देने को दिल कर रहा
सागर मन्थन क्रिया अन्दर
विष सारा पी गया।
पर मैं कोई शिव था नहीं
जो ज़हर को भी सह सकूँ
रक्त अन्दर रम रहे इस नहर की भी चेतना है
चेतना है ज़िन्दगी के सौंदर्य की भी।
यह मेरा दुखान्त है।
ज़िन्दगी के सौंदर्य का प्रतीक बन कर
जब कभी तू आई है
प्यार अन्दर छूना मैंने चाहा है उमड़ कर उमंग से
पर लगा है हाथ अपना भस्मासुर का हाथ मुझे।
होली अन्दर जब कभी रंग की पिचकारी लेकर
सींचना मैंने चाहा है अनछुए अंग को
काँपा अहसास से न ज़हर का संचार हो
स्वै विरोधी जज़बों (अहसासों) ने घेरा है
रक्त अन्दर रम रहे इस ज़हर का
कोई तोड़ नहीं मिल जाए
या ज़िन्दगी के सौंदर्य की न चेतना शेष रहे
ज़िन्दगी के सौंदर्य की न कदर भी शेष रहे
फिर ज़हर का संचार होता ही रहे।
इतनी सुन्दर लग रही है आज तू
कि यह मेरा दुखान्त है।

मैं और अमैं

प्रत्येक अस्तित्व को प्रत्येक जीव को
वस्तु समझ मैंने भोगा
'अमै' को बस 'मैं' का ही
साधन समझ के उपयोग किया।
'मैं' और 'अमैं' के मध्य
अन्तराल जो होता प्रकाश और अन्धेरे के मध्य है,
बन्द बिजली होते तूफान अन्दर रात को
अन्तराल जो एक रेखा बनी है
धूप और परछाइयों की सीमा पर
अन्तराल किनारे नींद के ने जिस तरह।
अन्तराल के दूसरे पार पहुँच सकता भला मैं किस तरह
खुर (गल) गया कच्चा घड़ा हर बार ही।
वस्तुओं की मण्डी के भी
अपने ही नियम हैं
ऊपरी व्यवहार है
और ऊपरी किरदार (चरित्र) है
नेता जी की पीठ पीछे
चोरी चोरी षड्यन्त्री
मन-गुफा की ओट अन्दर
यही करता षड्यन्त्र
भीड़ अन्दर पाकर अवसर
यही धक्के मारता
रेडियो की सूई को फिर छेड़ कर

मधुर तान तोड़ कर
अनजानी भाषा अन्दर
जाने क्या क्या बोलता
जाने क्या ललकारता
सूने पन का दैंत बन कर
'मैं' को यही निगलता
'मैं' की अस्तित्व मान्यता को सम्भाल रखूँ किस तरह?
वस्तुओं की मण्डी अन्दर
'मैं' भी एक वस्तु बनी है।
पर-अस्तित्व को पर-जीव को
जो सरीखी वस्तु भोगी
(या था भुलेखा भोगा)
मूल्य चुकाना पड़ रहा।
वस्तु सरीखा बीच चौराहे लाश 'मैं' की है पड़ी
दर्शकों की भीड़ भरी हैं जुड़ी
पूछताछ हो रही कि कौन हत्यारा इस का
राजनीतिक हाथ है या सरसरी ही हत्या है?
वस्तुओं का नगर होता
सरकसी और षड्यन्त्री
'मैं' और 'अमैं' के मध्य
अन्तराल खड़ा जो कर लिया
अन्तराल ही 'मैं' को खा गया।

सौ चिड़िया एक दाना

घण्टाघर का चौंक पुराना
रात दिन है चलता रहता
एक लाहौरी फोड़े की तरह
इस चौंक के कन्धे ऊपर
यूनिवर्सल काफी हाऊस
एक मेज़ दो कुर्सी कैबिन
खाँसी ताप का एक रोगी
एक बैरा और एक मैनेजर।
टूटे फूटे चाय के प्याले
पीने के लिए आते हैं यहाँ
कल के मार्क्स आज के फ्रायड
नए समय की बातें डालते
सौ चिड़िया थीं एक था दाना।
अन्धों लूलों मंगतों जैसे
अपने ही दरवाजे पर आप खड़े होकर
हाथ फैलाते सदा लगाते
'सखिया तेरा शुकराना'
ओह देखो आनन्द है आया
स्वप्न मिले साथ लाए
जैसे की बीमार की उलटी
कुत्ता जिसको चाट रहा है
उपस्थित हुआ राजकुमार
खुरली के अन्दर कुत्ता बैठा

पशु जिससे प्रायः हैं डरते
घर से खा पराए घर की
सुरक्षा करता वफ़ादार यह!
सौ चिड़ियों की बात अधूरी
जैसे कि भैंस को मोच पड़े नहीं
अन्दर बाहर अन्धेरा हुआ
चाय के पैसे खाते में लिख कर
बैरे को एक थापी देकर
रात हुई घर बालम चले
सौ चिड़िया थीं एक था दाना।

लाल बत्ती चौंक अन्दर

लाल बत्ती चौंक अन्दर
उस चौराहे मैं खड़ा हूँ
चारों ओर की ट्रेफिक
हुकुम अन्दर जाम है
(हुकुम जो रेखा है लक्ष्मण की बड़ी समर्थ है)
हर पंक्ति यह सोचती है
सब्ज बत्ती का संकेत
जो मिले तो लांघ जाए
सोचता हूँ सब्र की है सीमा कोई
यह न हो आकी होकर हर पंक्ति
हुकुम को ही। लाँध जाए
जाम कोई खलक का नाम
इस तरह का हशर (परिणाम) हो।
या सोचता हूँ, सह अस्तित्व यह
'सह-अटक' कहीं बन न जावे
जाम कोई खलक का नाम
इस तरह भी हशर हो।
या राह दिखाने का अँगूठा
बदन तक पहुँच जाए
चारों तरफ की ट्रेफिक
खा भुलेखा (ग़लती) चल पड़े
जाम कोई खलक का नाम
इस तरह भी हशर हो।

बटनों के सहारे लटकती है
जाम हुई ज़िन्दगी
शहर की सारी ट्रेफिक
किस जगह पर आ रुकी।

गुमशुदा गौतम की प्रतीक्षा

(एक विज्ञापन)

कपिलवस्तु के अड़ियल सिद्धार्थ
लौट आ कि वृद्ध माता रसोई अन्दर बैठकर
राह तेरी ही देखती
पतिव्रता नारी तेरी औसिया (लकीरें) रोज़ बैठकर डालती
बाल तेरा तोतली यादें रुलाए
क्रियाकर्म इस पिता की तू आप आकर करनी।
लौट आ सम्पत्ति मेरी लौट आ,
लौट आ कि बिना तेरे साँप 'विलपते जैसे बुरे
घर काउँ'
शुरू से आदत तेरी इस तरह रूठ जाने की
बचपन में गुल्ली-डण्डा खेलते जब तेरी गुल्ली गुम होती
रोता था घर को आता
बचपन की गुल्ली का क्लेश
आयु की गुल्ली का क्लेश
घर के क्लेश से कोई इस तरह नहीं भाग जाता।
सुना है कि तू नहीं आएगा
मिलती नहीं जब तक निर्वाण तुझे नौकरी
मेरे लाल मुक्ति न मिलती इस तरह
'जोग ना मैले कपड़ीं'!
लौट आ कि रोटी मेरे काठ की है
चोपड़ी से अधिक अच्छी

कुएँ का ठण्डा पानी सुख सन्तोष है।
लौट आ अज़ीज, यदि खुद पढ़े यह विज्ञापन
बोल मन्दा मौह तेरी न कोई तुझे बोलेगा,
लौट आ सम्पत्ति मेरी लौट आ।'

बिकने को तत्पर हूँ

मैं बिकने को तत्पर हूँ
मूल्य लगाओ तो सही
मरने को तत्पर हूँ
आज़माओ तो सही
आप आवाज़ तो लगाओ
सिर हथेली पर रख जाएँगे
गलियों में कीचड़ तो करो
मैं भीगता पसीजता आऊँगा
झण्डा उठाए फिर रहे हैं
वोट माँगते नेता जी
अपनी सलीब सिर पर उठा
दे रहा दरवाजे दरवाजे पर बुलावा
सूली पर चढ़ाओ मुझे
मर कर जीवित हो जाऊँगा
दोष मेरा इतना है कि
नीले वस्त्र पहर कर मैं
आदि पुरख तक
अल्ला कहने को तत्पर हूँ
आप ने भी अभी-अभी
सफेद खादी वेश में
कुसुम्भ रंग डोले।
इस बार भी खेल में
द्रौपदी को भी हार जाओगे।

पर मैं चीर-हरण नहीं करूँगा
क्योंकि सट्रिप टीज़ का ज़माना है
टाटा के हमाम की तरह
झाग भले ही अधिक है
पर आप तूफान हो
झील के ठहराव को ही तरसते
और छप्पड़ की होने को
डरते डरते पहुँचते
तुम अन्धेरे में भी पारदर्शी हो
नूर में अन्धे हो।
मेरे पास आओ।
मैं तीसरा नेत्र ला दूँ
पर आप आओगे नहीं
आज़माओगे नहीं
सूली पर चढ़ाओगे
और मैं सलीब सिर पर उठा
चला जाऊँगा जीवितों के
शहर की ओर
शाम तक मैं सच वखर
बेचता हूँ।

सैभं (स्वयंभू)

यह नाता प्यार में प्यार का है।
यह नाता स्वयं ही सैभं है।
अतः भीतरी धवल आश्रय की
अथवा चिर संयोग सम्बन्धों की
रीति-नीति, मर्यादा की,
आवश्यकता नहीं
कोई कमी नहीं।
यह नाता एक विश्वास का है।
यह सम्बन्ध किए कार्य का है।
यह नाता प्यार में प्यार का है।

मुक्ति

तुम मिली तो लगा
जन्मों के बिछुड़े मिल गए।
आत्म ने था आत्म को पहचाना
शरीर ज़िस्म भले ही बेगाने।
सोचाः सागर के सीने
चाँद की हल्की चाँदनी
सेज बनकर बिछेगी
पर हर कप्पड़ को मिलेगी
सात सर अमृत भरेंगे
बोल तेरे मीठे
हवा में घुलेंगे
सात सर अमृत भरेंगे।
तुम जो आई, किस तरह
परछाइयों में लिपट कर
रेखा अन्दर सिमट कर
आधी थी तुम व्यतीत बीते काल में,
आधी आते कल में
अब के पल में अस्तित्व तेरा
ढूँढ़ता मैं रह गया
सागर किनारे लहरें गिनता
प्रतीक्षारत मैं रह गया
तुम से भी और स्वयं से भी मैं
दूर होता ही गया

मन्थन किया खारा समुद्र
ज़हर मिली,
पी लिया।

चार दिन वे ज़िन्दगी के
चार युगों की पीड़ा थे।
सागर अन्दर मिला कर जिन्द जान को
आधा अधूरा लौटा।
एक ज़िस्म बन कर रह गया
और ज़िस्म ने फिर ज़िस्म को ही भोगा
भोग-क्षण में ज़हर को पीता रहा
ज़हर जो मंथन ने मुझे सौंपा।
स्वयं से, अपने आप से ही
बदला जैसे लेता रहा।

मन की पीड़ा
तन की अग्नि में मुक्ति ढूँढ़ती
पीड़ा से, अहसास से
तुमसे और अपने आपसे
मुक्त हूँ अब हो गया।

जब ज़िस्मों की कोई कमी नहीं
अब मेल तुम्हारे की जरूरत नहीं
कोई लगन नहीं
कोई स्वप्न नहीं।
न रास्ते में भटकने की चिन्ता
न मंजिल की कोई है, इच्छा।
जा कहो, राम जी न आइए
मैं अहल्या जैसे अमर रहूँ
यह अस्तित्व का कोई श्राप नहीं
यह मुक्ति है, वरदान भी है
जा कहो, राम जी न आइए
मैं अहल्या सरीखा जैसा अमर रहूँ।

देश अनदेखे चले जाएँगे

तुम ने लिखा है :
मैं जलनिधि, तुम जलधारा
तुम नदी, मैं सागर गहरा।
शून्य समाधि शिव जी आसन
जटाधार धारा बन निकले
अन्तरिक्ष की ऊँचाइयों का स्पर्श कर
पवत से नीचे की ओर उतर कर
किरतम तेरे नाम अनेक
धाम अनेक
देश अनेक
वेश अनेक
रूप अनेक
रंग अनेक।
गंगाजल बन पूजा करावे
जमुना बन तू रास रचावे
फिर तू कभी चेनाव है बनती
पर सुन्दरी का सिदक (आस्था) न रखती।
मौज में अपनी बहती जावे
जब भी चाहे, राह को बदले।
हर राह का पर अन्त है होता।
पूर्ण भोग कर
मध्यमार्ग को मंजिल कह कर
जलनिधि में तू मिलना चाहे

अपना आप समाना चाहे।
सागर को तू मंजिल कह कर
समझे तू, वरदान मिला
सजना, यह वरदान नहीं है–
प्रतीक्षा का एक श्राप
प्रतीक्षा का एक सन्ताप।
कुछ सागर ऐसे भी होते
आँसू बन कर सूख जाते हैं
तुपका तुपका, बिखरने में
मिट जाते हैं, समाप्त हो जाते हैं।
काफ़्ले से जब परे हट कर
चल निकले थे
गह असाध्य, स्वयं चुना था
राह...का जो पराधीन नहीं था
दिशा दिखाते पत्थर का
या पिछले किसी अक्षर का
राह कि जिसमें
न माँगा, कुछ न चाहा था,
सच्चा सौदा सच व्यापार का
राह कि जिसमें एक दमदमा
मित्र के शोक-स्थल का।
गहरे अन्धेरे जंगल में
गौतम जैसा
सोया छोड़कर
शून्य कर के
जुगनू पीछे भाग रही है।
फिर तू कहे–
मैं ही तेरी बस मंजिल हूँ
तू नदी, मैं सागर हूँ।
कहाँ से चले
कहाँ पहुँचे

कहाँ से उड़े
कहाँ गिरे
ज़रा ज़रा फिर बिखर जाएँगे
पत्तों जैसे भुरभुरा जाएँगे
संग सखा सभी छोड़ जाएँगे
देश अनदेखे चले जाएँगे।

चौदह दिन बाद

राम को वनवास मिला
सीता ने संग रह भोगा।
यह कैसा वनवास है
जो हम ने एक दूसरे को शापित किया है
जो अपने अपने अकेलेपन में भोग रहे हैं
अहंकार का यह कैसा वनवास है
यह कैसा अहंकार है
जो 'आपे' से भी बड़ी हो गई है
इसका क्या नाम रखे?
'ताहिरा'!
अहल्या तो जागी थी
फिर मूर्च्छित क्यों हो गई
फिर मूर्च्छित क्यों कर गई।
संजीवनी बूटी किसी पर्वत पर नहीं उगती
अन्दर ही अंकुरित होती है
आ, इसे छुएँ
आ, वनवास से मुक्त हों।

मैं कोई गुर तो नहीं

कहाँ गए वे दिन सजन, वे बोल प्यार के
बैठे रहे विस्माद अन्दर, जग बिसार कर।
माना, हालात अपने हो गए कुछ अजनबी
माना, कि मन की उलझन ने आकर तुझे घेरा
माना, विश्वास तेरा भी बहुत था डोला
एक बार तू आज़मा तो लेती आवाज़ लगाकर।
चले ही जाना था सजन, चली जाती
एक बार मेरी जो भी हालत उसे तो देखती,
उस समय तो बहुत तेरी जरूरत थी
काश, मुझे कण्ठ लगाती, बन खुदा तू लौटती।
कितने घटिया ये तकाज़े जीने के
ज़िन्दगी को ही तबाह कर जाते।
टूट गए सारे सितारे अम्बर के
देखते ही रह गए हैं सब उजाड़ कर
बाहर ही बाहर तूने रूप मेरा परखा
काश, कहीं देख पाती हृदय चीरकर
यदि पता होता सजन चले जाना
अच्छी तरह पकड़ मैं रख लेता गाँठ मार कर।
याद रखना, होगा पश्चात्ताप तुझे भी कभी।
अब नहीं तो, ज़िन्दगी के अन्य अगले मोड़ पर
जब भी आई, याद आएगी आँतरियों को चीर कर
जुल्म मेरे साथ किया, जुल्म अपने साथ भी
देगा फिर दिल गवाही, स्वयं पुकार कर
मैं कोई गुर तो नहीं, जो तू बेदावा (बिन पहचान को) फाड़कर
लौट आ प्यार अन्दर बाँह फैला कर।

वृक्षों से परछाइयाँ टूटीं

याद सजन की बदली बन कर
शिखर दोपहर छाई है
याद सजन की तोड़ दीवारें
तोड़ कर पहरे आई है।
याद कभी सतरंगी बन कर
अम्बरों पर लहराई है
याद कभी एक आह बन कर
अन्दर ही रह जाती है।
याद कभी तेरे तन की खुश्बू
कांटों से निकल आई है
याद सजन की बदली बन कर
शिखर दोपहर छाई है
सिर पर लाख श्राप झेले
राह मड़ियों (श्मशानों) का पूछती है
भूत-प्रेतों के संग बहती
कुछ सुनती, कुछ कहती है
चार युगों से भिक्षा माँगती
खाली पात्र आई है
याद सजन की बदली बनकर
शिखर दोपहर छाई है।
वृक्षों से परछाइयाँ टूटीं
यह कैसा सूर्य चढ़ा
नदियों से आज नीर हैं रूठे

यह कैसी बताओ वर्षा हुई।
याद सजन की बदली बन कर
फिरती आज प्यासी है
याद सजन की बदली बनकर
पानी माँगने आई है।
याद सजन की बदली बनकर
शिखर दोपहर छाई है।

दर्पण

सहस सियानप पर्दे पीछे
दिल गहरे अन्दर देख
भीप कटोरा है? या कासा (पात्र),
कासा जो देखने में खाली
रत्न पदार्थ कासे अन्दर
अमृत भरा हाथ कटोरा
शहर कि जो बेगाना कहे
शहर कि जो धुर कालों तेरा
पन्थ निहारे
इस शहर की रमज़ न जाने;
जो देवे सो पावे,
प्रेम खेलन के चाव में
यह शीश कटावे।
कनक का दाना बीज बने तो
सैकड़ों दाने बन कर विकसे।
क्या वह अपना आप गवाए?
या फिर अमर, अनन्त हो जावे?
इस शहर को माया कह कर
कुछ तो पर्वत जाकर बैठे हैं
इस शहर को समझ छलावा
बाहर से बाहर लौट गए हैं।
और भी आए,
रंग रोष माने

रूप भोगे—
'फूल कुसुम्भ का' कहकर चले गए।
सच्चे सौदे करने जो आते
झूठ के सौदे कर जाते हैं
इस शहर के दामन अन्दर
खोटे दाम ही भर जाते हैं।
यह शहर न भूखा-भाना
यह शहर, न रजा-भरा
जो भी आवे, अपना अक्श ही देखे
अपने अक्श को
शहर का नक्श बनाए।
यह शहर तो भूखें सांझी करता
सांझी करके भूखें भरता
पीर बांट कर पीड़ा हरता
यह शहर ने तो पीड़ा सम्भाली,
पीड़ा की रखवाली है करता।
इस की न तू पीर (पीड़ा) पछाने।
इसकी न तू होनी जाने।
जो न इस की वृथा समझे
अच्छा है तू घर को लौटे
पैड़ तरी तो शहर रहेगी।
अपने पाँच हवासों डरती
पाण्डव नगरी की ओर भागती
सहस सिआनप तन को ढकती
अन्दर से तू दुर्योधन ढूँढ़ती?
पाण्डव नगरी पैड़ रहेगी
पैड़ तेरी जब पीर जानेगी
रंगों में ऐ पीर जानेगी
रंगों में एक रंग भरेगी
यह शहर तो पीड़ा-रंगों का विरसा है
जिस में तेरा भी हिस्सा है।

कुम्भ में ज़िद है, जहान है

आओ अलविदा कहिए सजन
नामुराद इस राह को
राह कि जिसका आदि है अन्त है।
सुना था जिसका आदि है न अन्त है
वह सत्य है
इसलिए चुना हमने यह राह-रास्त,
विषम मार्ग जो न गाड़ी राह था
संस्कारों के नाम जिस स्थान मील पत्थर
न कोई था चिह्न-चक्र
दिशा भी निश्चित नहीं।
जातने थे आएँगे
इस तरफ माया जाल
सर्प लगते रस्सी की परछाइयाँ कभी
ज़िन्द को डराएँगे
राह में जो भी कहीं वृक्ष उगे होंगे
पत्तों की जगह उन पर
प्रश्न लगे होंगे।
संस्कारों में जिन का, कोई न कहीं जवाब
सहस सिआनप का भी कोई, चले न जहाँ हिसाब।
जानते थे जब भी लगेगी प्यास
मृग-जल ही होगा, बस आस-पास।
जब चले थे राह पर मन में चाव था
सात सर अमृत-तरंगें उठी
अंगों में नयी उमंगें जागी

दो कदम ही बस चले
तो पीछे लौट कर देखा
जा रहा किस जगह यह राह? था हमने फिर पूछा
संस्कारों का पल्ला था छोड़ा
संस्कार दे गए मन को अकान
ज़िस्मों में भी पैदा हुई–
धीरे-धीरे एक थकान
ऋतु बदली, वृक्ष झड़ गया
प्रश्नों ने हमें घेरा
संस्कारों के वृक्ष के सूखे पत्ते,
जी रहे न मर रहे।
आओ अलविदा कहिए सजन
इस राह को
राह कि जिसका आदि है न अन्त है।
आदि है न अन्त जिसका
सत्य होता, होता रहे
अस्तित्व तो उस से इधर।
सत्य तो असीम सर
अस्तित्व कुम्भ का जल है
कुम्भ में बँधा जल रहे।
कुम्भ जल का अस्तित्व न ही, होनी है
कुम्भ में जिन्द है, जहान है
नाम है, निशान है
जिस की कि हमें प्रतीक्षा (चाह) है
आओ अलविदा कहिए सजन
इस राह को।
अस्तित्व के लिए तो गाड़ी-राह आसान है
यह राह स्वै पहचान है
होनी में जिन्द है जहान है
एक नाम है निशान है
अस्तित्व पर उकरिया (अंकित)
जिसकी कि हमें इन्तजार है।

परीक्षा

अनामिका
कल तुम और मैं
एक परीक्षा से गुजरे
एक दूसरे को समझाने के लिए
विश्वास जीतने के लिए।
पर परीक्षा ने एक ऐसा मोड़ दिया
कि इसकी परछाई?
विश्वास को ही ग्रहण कर गयी।
परीक्षा से पैदा होते हैं सौ सवाल
सवालों के आवागमन से
विश्वास की तन्द (धागा) नहीं मिलती
विश्वास तो विश्वास से पैदा होता है।
कोमल फूल की सुगन्ध जैसा
जिसके लिए काँटों की झरीट (खरोंच) भी सहनी पड़ती है।
यह विश्वास भी अजीब वस्तु है
जो चोर को चोर पर तो हो जाता है
साध को साध पर नहीं होता,
क्योंकि साध की बुकल (बगल) में खुद चोर होता है।
हम दोनों चोर भी नहीं
हम में से जरूर एक चोर है
पर कौन?
इसका जवाब परीक्षा से नहीं मिलेगा।
फिर भी यदि मिल जाए

पोस्ट कार्ड पर ज़ी. टी.वी. को लिख भेजना
इनाम ज़रूर मिल जाएगा–
–वाशिंग मशीन–
मूत्र-गंदे (पलीती) कपड़े धोने के लिए।

सितारों से आगे

यह रिश्ता अनहदनाद का है
यह रिश्ता धुर (पूर्ण) विस्माद का है।
महक कुँआरी के पीछे
फूलों ने जो स्वयं लिखा है
यह काँटों का सिरनावाँ (शीर्षक)
झील के पानी पर तिरते
यह अम्बर उड़ते पक्षी के
पंखों की यह परछाई है।
इस रिश्ते का कोई नाम नहीं
न पूर्वबला, न किरतम ही,
यह रिश्ते बहते पानियों का
एक सफर तो है, पर धाम नहीं।
यह सफर है धुर (पूर्ण) दिसहद्दे (दृष्टिगोचर होने) का
धरती को अम्बर कहने का
खुद अपने तक पहुँचने का
अनजान जैसा यह मार्ग है
जो कभी चनाव से गुज़रता है
कभी रेत-स्थलों पर जाता है
धुँधकार सफ़र के बीच
जुगनू भी जब कोई मिलता नहीं
कोह तूर यह खुद बन आता है
यह रिश्ता आदि-जुगादि का है
यह रिश्ता धुर विस्माद का है
यह रिश्ता आज जो बना है।

मूल पलीती कपड़ु होई

मोना
तुझे अर्पण है मेरी भावना
बिल्कुल साफ सुथरी
टी. वी. इश्तिहार (विज्ञापन) में सुपर साबुन से धुले
दाग-मुक्त, साफ सुथरे कपड़ों जैसा।
पर सुन :
भावना तो सागर की लहर होती है।
सागर की जिस में अनेक नदियाँ लेकर आती हैं–
गंगा-जल
मैली-कुचैली
लाशें
कोरे कागज़ों पर लिखे एक दूसरे के नाम
पर्वतों से बहते आते पत्थर
सोहनी के कच्चे घड़े के कुछ टुकड़ें
कुछ सिक्के-खरे भी, खोटे भी
और अन्य बहुत कुछ।
सागर सभी को धुर-अंदर समेट लेता है
सतह पर नज़र आती हैं लहरें
साफ़-साफ़?
भाव-लहरें
धुर अन्दर से उठतीं
धुर-अन्दर कि जहाँ बहुत कुछ होता है :
गंगाजल, जो जन्म समय मुँह लगाया गया था,

मैले-कुचैले कर्मों-कुकर्मों की,
लाशें खुद जीभों किए अपने आप की
कोरे कागज़ पर लिख, उसका अपना नाम
अस्थियाँ-टूटे रिश्तों की
पत्थर-जिन्होंने पर्वत से खुद नीचे गिराए थे
अलविदा कहते समय,
कच्चे घड़े के कुछ टुकड़े
माला में पिराए थे जो कभी,
कुछ सिक्के सिर्फ खोटे ही
जिनसे ज़िन्दगी का सच्चा सच्चा सौदा किया,
और अन्य बहुत कुछ।
धुर अन्दर जब कभी मन्थन होता है
लहरें ऊपर उठती हैं
साफ़-साफ़ दीखतीं
मूल पलीती कपड़ा, साबुन धोते, साफ सुथरे
इनमें अमृत है या ज़हर
कुछ कह नहीं सकता।
ज़हर हुआ तो
तुझे ही पीना होगा
मैं शिव नहीं
और जो शिव है, पीने को तैयार नहीं।

मृग–जली

तुम ने आज पूछा है
नाम क्या रखे इस रिश्ते का।
यह आदि-जुगादि प्रश्न रहा
कोई उत्तर जिस का न मिला।
बाबे ने पूछा पान्धे से
धरती भी पूछती अम्बर से
इस मेल (निकटता) में क्यों दूरी है
इस दूरी में क्यों मेल भी है।
यह रिश्ता एक खामोश स्वर
अनकिए कोल, करारों (इकरारों) का
धुर अन्दर अनहद तारों का
बेनाम, अबोल प्यारों का।
यह रिश्ता बस एक सफ़र ही है
जिस रिश्ते का कोई धाम नहीं
कोई आदि नहीं, अंजाम नहीं
इस रिश्ते का कोई नाम नहीं।
यह रिश्ता शिखर दोपहरों का
और रेत-स्थलों में पेड़ों का
यह रिश्ता सच्चे बेरों का
जो राम को अर्पित किए गए कभी
आज पुल-किनारे (सरांती) खड़ा हूँ मैं
और नीचे बहेगी अग्नि-नदी।

कच्च घड़े ने पूछा सोहनी से
तू डरती अपनी होनी से?
मैं जानता हूँ तू मृग-जली
पर होनी टाले, नहीं टले।

रावण की प्रतीक्षा में

मोना
तू जानती है तेरा यह नाम फर्ज़ी है
शयद तू यह नहीं जानती
तेरी तरफ मेरी भावना भी
शायद बिल्कुल 'फर्जी' है। शायद सचमुच (सच्ची सुच्ची) हो!!
मैं तुझे सावधान कर रहा हूँ।
तुम मेरी बात क्यों नहीं सुन रही?
तुम टी. वी. का विज्ञापन ही देखे जा रही हो।
सिग्रेट-नोशी का विज्ञापन कि जिसमें
एक खूबसूरत लड़का
एक खूबसूरत लड़की के चेहरे पर
खूबसूरत अन्दाज़ में
खूबसूरत धुआँ फैल रहा है।
विज्ञापन कि जिसमें सावधान भी किया गया है।
कि सिग्रेट पीना हानिकारक है।
तुम विज्ञापन देख कर
खुद सिग्रेट पीने का आनंद ले रही हो।
वर्जित सिग्रेट का स्वाद ही निराला है
कुछ लोग खुद लक्ष्मण-रेखा पार कर आते हैं
कुछ अन्य रावण की प्रतीक्षा में
उमर गुज़ार जाते हैं
तुम खुद ही लक्ष्मण-रेखा पार कर आ
मैं तो कागज़ का रावण था!
कागज़ का रावण ही हूँ!!

हे गंगे

हे गंगे
तुम तो निर्मल जल थीं
मृग-जल की भ्रमित
मैला जल कैसे हो गई?
तेरे भाग्य में शायद
भटकना ही भटकना है
धक्के ही धक्के खाना
रेतले स्थलों में
जहाँ कुछ भी नहीं अंकुरित होता
कुछ नहीं विकास पाता
बस विनाश ही विनाश है।
पर-छाया ढूँढ़ती
पराई धूप सेंकती
तू ज़रा-ज़रा झेलती जा रही है
वक्त को पलंग के पाँवों के साथ बाँध
बहा सकोगी?
शायद तेरे भाग्य में सागर तक पहुँचना भी
नहीं लिखा
यदि पहुँच भी गई
तुझ में तेरा कुछ नहीं रहेगा
खाली काँसे में
टूटे रिश्तों की अस्थियाँ
जल-प्रवाह के लिए।
रेतले स्थलों पर यदि कहीं सस्सी के पैरों के निशान (पैड़) मिले,
मेरी नमस्कार कहना।

फ़िरि होइ न मेला

बिल्लां
तू बादलों में रव रही बिजली है
तेरा लिशकारा
अरबद नरबद धुँधकार रोशन कर सकता है
वृक्ष से गिरे, राख हो जाता है।
तू कलकल कलकल बहती जलधारा है
तेरी लहरें नदी किनारे वृक्ष को
सरशार कर सकती हैं
तेरी तूफानी बाढ़, वृक्ष को जड़ से उखाड़ सकती है।
या तू वृक्ष के प्रति बेखबर
अपनी मौज़ में बहती बहुत आगे निकल जाएगी।
ऊँटों वालों की तरह वापस नहीं लौटेगी।
वृक्ष-नीचे बैठा कोई फ़कीर
स्वर अलापता रहेगा :
"दुधा थनी ना आवई फ़िरि होइ न मेला।"

मृग–तृष्णा

पराई छाया
ज़िन्दगी की कड़कती धूप की
राहत नहीं।
पराई धूप
ठण्डी सुन्न का
उपाय नहीं।
अपने वृक्ष को आप काट कर
अपने सूर्य को आप तज कर
रह जाती है भटकन-मृग-तृष्णा।
पर मेरा सन्ताप तो और परे दूसरा है
मृग पास कस्तूरी है
अनजाने में भटकता है।
मैं तो जानता हूँ
मैं कस्तूरी सम्भाल नहीं सका।
कड़कती धूप को अकेले झेलना होगा
ठण्डी सुन्न को अकेले जरना होगा।"

सत्य दर्पण

कुदरत के मन चाव भरा
तेरा सृजन किया,
कुदरत ने तुझे सुमन बनाया
तूने अपने खुश्बू का ही दफ़न किया
मर्यादा को धर्म समझ
संस्कारों को कर्म समझ
उमंगों-तरंगों का दमन किया
तू फूल है, अमर बेल नहीं
फिर अमर-बेल की तरह
क्यों बाहरी आश्रय ढूँढ़ती है
संस्कारों के,
रिवायाती रिश्तों के।
तू इन रिश्तों में बड़ी हुई हो
इन रिश्तों के दर्पण में
जो मुँह-मुहान्दरा (चेहरा) देखती है
उसे ही अपना आपा मान लिया है
इन रिश्तों से परे
जहाँ 'तू' और 'मैं' हैं
'तू' और 'मैं' का यह रिश्ता
खुद का खुद से रिश्ता ही तो होता है
जिस रिश्ते के दर्पण में
तू अपने असल आपे को देख सकती है
अपने आपे को मान सकती है

अमृत पी सकती है
अमृत कि जिस से सात सरोवर भर जाते हैं।
पर तू यह सत्य दर्पण देख नहीं सकती
तेरे अन्दर एक भय है,
निर्भय का जाप करती भी भय में रहती है।'

एक क्षण की दास्तान

कुछ रिश्ते धूप-छाया जैसे हैं
कुछ रिश्ते बादलों जैसे हैं
कुछ रिश्ते खुश्बू फूलों की
कुछ रिश्ते काँटों जैसे हैं।
कुछ रिश्ते पतझड़ हैं दीपां
कुछ रिश्ते आप बहारें (ऋतुएँ) हैं।
कुछ रिश्ते पत्थरों जैसे हैं
कुछ पत्थरों में अहल्या है।'

उमरों की रात काली

महिरम दिलों के जानी
लौटाएगा कब मुहारें?
हमारे ही आँगन साथी,
आईं ना क्यों बहारें।
        लोहड़ी की आग तापू
        डाल ऐसी (औंसिया) उडीकें (प्रतीक्षाएँ)
        देखेगा कौन आ कर
        माथे की ये लकीरें
                लौटना अरी उस को
                भूला जो कर करारा (वायदा)
पौह माघ का महीना
है सूलियों पर जीना
देखेगा कौन आकर
बर्फों के मुँह पसीना
कोरे बदन की आग को
बतला किस तरह मैं ठारा (ठण्डा करूँ)
        हाथों के मेरे मेहँदी
        एक दास्तान है गम की
उमरों की रात काली
एक बात कहती जाती
दारू हिजर के रोग का
बिकता नहीं बाजारों।

दूसरी ही मिट्टी

संयोग
वियोग
यही सच है :
आदि सच
जुगादि सच
है भी सच
जो होसी भी सच।

प्यार
वफ़ा
इकरार
तकरार
अब तक इन शब्दों की
खरीद फ़रोख्त ही करते रहे हैं
मंडी के वस्तु-मूल और
अर्थ-मूल तो अब मालूम हुए हैं।
पीर बुद्धू शाह
आप किसी दूसरी ही मिट्टी के बने होंगे
जिन के लिए
यारिमा के कन्धे के एक बाल का मूल्य
दो आलमों की दौलत से अधिक था
हम तो किसी दूसरी ही मिट्टी के हैं
निरी ख़ाक की ख़ाक।'

तुद्ध बिन ख़ाकूं रुलना

जैसे एक पत्ता
डाली से टूटा
हवा का मोहताज
बहार की तलाश में
खाक में रुल (गुम) जाता है
जैसे बदली का टुकड़ा
शिखर दोपहर
दिशाहीन भटकता है
जैसे सागर से बिछुड़ी बूँद
जो मोती बन सकती थी
रेत-स्थलों में सस्सी की पैड़ ढूँढ़ती ढूँढ़ती
सूख जाती है
मैं भी तुझ बिन हूँ तुझ बिन...
आदि जुगादि से समय के निरन्तर प्रवाह में से
मैंने तो बस एक क्षण ही माँगा था।
तुमने भी उस क्षण दुआले भी
एक रेखा खींच दी है
लक्ष्मण-रेखा होती तो उल्लंघन कर जाता
पर यह तो वह रेखा है
जिस जगह धरती और आकाश
मिलते भी, नहीं मिलते।

खिला में लटका सुनेहा (सन्देश)

कौन है जो पानी की रवानी को
बाँध लगा रोकता है,
हवाओं को गुब्बारियों में कैद करता है।
बिल्लाँ, हो सके तो जवाब देना।
नहीं तो मेरा सन्देशा
अहल्या बन, खिला में लटका रहेगा।
किसी और भी अहल्या को जगाने आया था
अहल्या जागी,
देखा वह राम नहीं था
राम के रूप में रावण था
जो इस बार सीता को नहीं
लंका को ही हरने आया था।
अहल्या फिर मूर्च्छित हो गई।
तेरी आमद (आगमन) से हरकत हुई है
पर...
मेरे सवाल को अभी तक बराबर (हाण) का
जवाब नहीं मिला।

होनी से अस्तित्व तक

अनन्त काल से, कितने सूर्यों से
अनेक किरणें उदय हो रही हैं।
कुछ किरणों से जवान होते ही
ब्लैक रोल निगल जाता है
सारा वजूद ही खत्म हो जाता है।
कुछ किरणें तपन हो, दावानल बन जाती हैं
सब पत्तें, परिन्दे भस्म हो जाते हैं
पर राख़ से कोई कुकनूस पैदा नहीं होता।
कुछ किरणें सुनसान अन्धेरी राहों में पल दो पल
जुगनूँ बन जागती हैं
शमा जैसे सुबह तक जलती हैं
काँच टुकड़ियों से निकल, सतरंगी होना नहीं।
अंजू, तू भी एक किरण है
सतरंगों की भरी-भरी
पर अपने ही रंगों से डरी डरी।
तेरी 'होनी'
ब्लैक रोल नहीं, तपन नहीं, जुगनूँ नहीं' शमां नहीं।
तू सात रंगों में 'होना' है
सात आसमानों तक फैलना है
खुद का खुद तक पहुँचना है।
काँच टुकड़ियों की खरोंच को
अपनी जीवित पिंड पर सहना होगा
सूल सुराही, खंजर प्याला तोड़ना होगा

विंग कसाइयों को सहना होगा।
यार के सत्थर संग रहना होगा।
हर दौर में 'होने' की यही राह है
'होनी' के राह तो अनेक हैं
अनेक किरणों जैसे।

रंग है कुसुम्भड़े के लाल

दूर से चल आई हो
हवा की बुल्ली
बतलाना आकर सज्जन का हाल।
पल तो पराए हुए
मित्र प्यारों को
आया कभी हमारा भी ख्याल।
अंजलि भर सूर्यों के
गोरे शरीर चाँदनी के
लाए हम रंग थे गुलाल।
घने रंग खुर जाते
खून क्यों सफेद होते
रंग के कुसुम्भड़े के लाल।
वायदे सच्चे सौदियों के
कर जाते कच्चे सौदे
खोटे खोटे सिक्कों के साथ।
दिन ढले, शाम हुई
तारों की लो गई
अन्धेरों में गुम है मशाल
आया कभी हमारा भी ख्याल।

श्रद्धांजलि

(प्रो. मोहन सिंह की कविता—चलो साड़े वलों निभ गई-नूं)

''चलो साडे वलों निभ गई, प्यारों दे नाल,
माथा फोड़ लिया, यार के दरवाजों के साथ।
कच्चे तारें छिप जाते, आगे सच्चे सूर्यों के
आँख लगाई किसलिए, सवेरे के तारों के साथ।
कभी धूप कभी छाया, कभी हाँ कभी न
ऐसे प्राण तड़फाये, हमने पारों के संग।
तूने मेरे साथ की, कल तेरे साथ होगी
होनी होगी बारी-बारी, हमारे सब के साथ।
प्राण प्यासे ही रहे, एक बूँद न मिली
पेट भर लिया हमने पानी खारे से।
हमारी यही अरदास, खुशी रहे तेरे पास
अंग अंग तेरा सजे, सच्चे तारों के साथ।''

•••

डॉ. जसबीर सिंह आहलूवालिया
(शिरोमणि साहित्यकार, पंजाब सरकार)

कुलपति, पंजाबी विश्वविद्यालय, पटियाला-147002 (पंजाब)।

एम.ए. (अंग्रेजी-प्रथम श्रेणी वि.वि. में द्वितीय स्थान), पी-एच.डी. (अंग्रेजी)

आई.ए.एस. (कृतकार्य)।

गुरु गोविन्द सिंह फाउंडेशन के अध्यक्ष।

आधुनिक पंजाबी कविता के विकास में प्रयोगशीलता-आधुनिकता के अग्रणी-संस्थापक कवि। पंजाबी आलोचना में प्रतिष्ठित एवं स्थापित समीक्षक विद्वान्।

सिक्ख चिंतक के रूप में राष्ट्रीय एवं अंतर्राष्ट्रीय ख्यातिलब्ध, अनेक बार विदेश-गमन, सम्मेलनों, विश्वस्तरीय सभाओं-सम्मेलनों में प्रतिनिधित्व, शोध-पत्र आलेख प्रस्तुति एवं सभाध्यक्ष : नवीन एवं मौलिक स्थापनाएँ।

महत्त्वपूर्ण पदों पर कार्यरत—पंजाबी विश्वविद्यालय, पटियाला के प्रथम निदेशक रूप में कार्य : पंजाबी भाषा विकास एवं योजना विभाग, चेयरमैन, पंजाब स्कूल शिक्षा बोर्ड, प्रथम निदेशक पंजाब राज्य विश्वविद्यालय पाठ्य पुस्तक बोर्ड। पंजाब राज्य द्वारा गठित उच्च स्तरीय समिति अखिल भारतीय सिक्ख गुरुद्वारा लेजिस्लेशन के सदस्य सचिव। आई.ए.एस. के नाते अनेक महत्त्वपूर्ण पदों पर आसीन—सचिव पंजाब मंडी बोर्ड, निदेशक सांस्कृतिक मामले, प्रबंधक निदेशक : पंजाब भ्रमण विकास कारपोरेशन, पंजाब फिल्म तथा समाचार कारपोरेशन, अडीशनल सचिव पंजाब राज्यपाल। पंजाब राज्य उच्च स्तरीय समितियों—आनंदपुर फाउंडेशन, खालसा त्रिशताब्दी समारोह के मनोनीत सदस्य, परामर्शदाता अनेक संस्थानों—भाषा विभाग, पंजाब तथा अन्य अनेक के।

प्रकाशित रचनाएँ (कविता)

1. कागज़ दा रावण
2. कूड़ राजा कूड़ प्रजा
3. सच की बेला
4. बाहरों सरापे अन्दरों गुआचे
5. काइया कप्पड़ टुक टुक होसी

साहित्यिक आलोचना

6. ट्रॅडिशन एंड एक्सपेरीमेंट इन माडर्न पंजाबी पोयट्री
7. प्रयोगशील पंजाबी कविता
8. प्रयोगशील लहर दा सिद्धांतक पिछोपड़
9. समकालीन पंजाबी साहित्य
10. पंजाबी आलोचना : इक परिचय
11. आधुनिक पंजाबी कविता
12. प्राचीन पंजाबी कविता
13. आधुनिक पंजाबी आलोचना
14. पंजाबी साहित्य इन प्रस्पेक्टिव
15. आधुनिक पंजाबी आलोचना : दार्शनिक सिद्धांतक संदर्भ

प्रतिनिधि लेखन

16. मेरी प्रतिनिधि रचना
17. चौणवी कविता (चुनी हुई कविता)

दर्शन

18. मार्क्सिज़्म एंड कंटेम्प्रोरेरी रियल्टी
19. द सोब्रनिटी ऑफ द सिक्ख डाक्ट्रिन
20. मैटाफ़िजीकल प्रोब्लम्स ऑफ सिक्खिज़्म
21. सिक्खिज़्म टुडे : द क्रासिस विदिन एंड विदाउट
22. सिक्ख फ़लसफे दी भूमिका (इंट्रोडक्शन टू सिक्ख फिलॉसफी)
23. मीरी-पीरी दा सिद्धांत (संपादित)
24. श्री अकाल तख़्त (सह-संपादन)
25. ट्रेंड्स इन माडर्न लिट्रेचर (इंग्लिश लिट्रेचर)
26. सिक्खिज़्म एंड द 21वीं शताब्दी
27. द डाक्ट्रिन एंड डाइनामिक्स ऑफ सिक्खिज़्म
28. 21वीं सदी दे संदर्भ विच सिक्ख फलसफा
29. 'सिक्ख-चिंतन'